Förschle/Kropp · Kostenrechnung

D1662340

Kostenrechnung

Betriebliches Rechnungswesen und Kalkulation

von
WP/StB Dr. Gerhart Förschle

und
WP/StB Manfred Kropp

Economica Verlag

CIP-Titelaufnahme der Deutschen Bibliothek

Förschle, Gerhart:
Kostenrechnung: betriebliches Rechnungswesen und Kalkulation
von Gerhart Förschle und Manfred Kropp. – Bonn: Economica-Verl., 1990
ISBN 3-926831-86-3
NE: Kropp, Manfred:

Satz: Roman Leipe Verlag GmbH, Hagenbach
Druck: Moeker Merkur Druck GmbH, Köln

ISBN 3-926831-86-3

Vorwort

Anliegen des vorliegenden Leitfadens ist es, einen allgemeinverständlichen Überblick über die theoretischen Grundlagen der Kostenrechnung und ihre Stellung innerhalb des betrieblichen Rechnungswesens zu geben und durch eine Reihe von Beispielen und Hinweisen für die Umsetzung eine Verbindung zur praktischen Anwendung herzustellen.

Das Buch wendet sich in erster Linie an den Praktiker, dem es die erforderlichen Kenntnisse über die Anforderungen vermitteln will, die an die Kostenrechnung als Informations- und Lenkungsinstrument einer Unternehmung zu stellen sind, damit es in der Marktwirtschaft und damit im Wettbewerb bestehen kann. Dies gilt in besonderem Maße für den Unternehmer in der DDR, der bisher nicht die Möglichkeit hatte, sich mit den angesprochenen betriebswirtschaftlichen Fragestellungen vertraut zu machen.

Wenn sie ihre Aufgabe als Informations- und Lenkungsinstrument wirksam erfüllen soll, reicht es nicht, anzunehmen, die Kostenrechnung sei lediglich „ein gut organisiertes, geschlossenes Zahlenumwälzungssystem, das unaufhörlich und mit Bienenfleiß aus zahllosen Kanälen Daten aufnimmt, sie über die Schwellen der Kostenarten-, Kostenstellen- und Kostenträgerrechnung plätschern läßt und sie schließlich in einem wohlgeordneten Reservoir endgültig aufbewahrt, so daß aus dem Ganzen nur etwas herauskommt, wenn am System etwas defekt geworden ist."[1] Im Gegenteil: Die Kosten- und Leistungsrechnung ist kein Selbstzweck, sondern ein leistungsfähiges internes Informationsinstrument, das eine Vielzahl von Planungs- und Kontrollaufgaben erfüllen kann. Besonderer Wert wurde daher auf eine eingehende Darstellung der Ziele und Aufgaben der betriebswirtschaftlichen Kostenrechnung gelegt, da diese sich z. T. grundlegend von den bisherigen Aufgaben in der Planwirtschaft der DDR unterscheiden.

Frankfurt, im Oktober 1990   *Gerhart Förschle*
                                              Manfred Kropp

---

1 Ulrich, Hans, Die Auswertung des Rechnungswesens, in: Das Industrieblatt, 57. Jg. (1957), S. 215, zit. nach Hummel/Männel, Kostenrechnung 1 – Grundlagen, Aufbau und Anwendung, 3. Aufl. Wiesbaden 1982, S. 30

V

Inhaltsverzeichnis

Abkürzungsverzeichnis

Abb.	Abbildung
a. F.	alte Fassung
AG	Aktiengesellschaft
AktG	Aktiengesetz
Anm.	Anmerkung
Art.	Artikel
BAB	Betriebsabrechnungsbogen
Begr.	Begründung
BiRiLiG	Bilanzrichtlinien-Gesetz
BR-Drucks.	Bundesrat-Drucksache
BT-Drucks.	Bundestag-Drucksache
DB	Deckungsbeitrag
EDV	Elektronische Datenverarbeitung
EGHGB	Einführungsgesetz zum HGB
EStG	Einkommensteuergesetz
EWG	Europäische Wirtschaftsgemeinschaft
ggf.	gegebenenfalls
GKV	Gesamtkostenverfahren
GmbHG	Gesetz betreffend die GmbH
GoB	Grundsätze ordnungsmäßiger Buchführung
GuV	Gewinn- und Verlustrechnung
h. A.	herrschende Auffassung
HGB	Handelsgesetzbuch
IDW	Institut der Wirtschaftsprüfer in Deutschland e. V.
KG	Kommanditgesellschaft
KGaA	Kommanditgesellschaft auf Aktien
LSP	Leitsätze für die Preisermittlung aufgrund von Selbstkosten (Anlage zur VPöA)
PublG	Publizitätsgesetz
RegE	Regierungsentwurf
UKV	Umsatzkostenverfahren
VPöA	Verordnung des Bundesministers für Wirtschaft über die Preise bei öffentlichen Aufträgen v. 21.11.53 i.d.F. v. 19.12.67
WBK	Wiederbeschaffungskosten

Abbildungsverzeichnis

Einführung:
Stellung der Kosten- und Leistungsrechnung im betrieblichen Rechnungswesen

A. Externes und internes Rechnungswesen

1. Begriffliche Grundlagen

Unter dem Begriff ‚Rechnungswesen' werden gemeinhin die Methoden zur quantitativen Erfassung tatsächlicher und möglicher wirtschaftlicher Sachverhalte und ihrer entscheidungsorientierten Aufbereitung verstanden. Dabei ist – anders als in der DDR – zwischen der Darstellung volkswirtschaftlicher Vorgänge im Rahmen der volkswirtschaftlichen Gesamtrechnung einerseits und der Darstellung einzelwirtschaftlicher Vorgänge im Rahmen des betrieblichen Rechnungswesens andererseits zu unterscheiden. In der DDR werden diese Funktionen von ein und demselben Rechenwerk erfaßt, bei dem aus bundesdeutscher Sicht allein die sogenannte Finanzrechnung dem Teilbereich des betrieblichen Rechnungswesens in etwa entspricht.

Innerhalb des *betrieblichen Rechnungswesens* ist zwischen der Finanz- oder Geschäftsbuchhaltung (externes Rechnungswesen) und der Betriebsbuchhaltung oder Kosten- und Leistungsrechnung (internes Rechnungswesen) zu differenzieren. Daneben sind auch Unterscheidungen nach der Methode der Informationsermittlung (doppelte Buchführung oder statistisch-tabellarische Darstellung) oder nach dem Zeitaspekt (vergangenheits- oder zukunftsbezogene Rechnungen) denkbar.

Das *externe Rechnungswesen* erfaßt und verarbeitet sämtliche Geschäftsvorfälle, die sich aus dem Rechts- und Geschäftsverkehr zwischen der Unternehmung und ihrer Umwelt (Kunden, Lieferanten, Fiskus, Gesellschafter/Eigentümer) ergeben. Es hat somit eine generelle Informationsfunktion. Das Rechnungswesen heißt extern, weil die bereitgestellten Informationen entweder in aggregierter Form (z. B. als Jahresabschluß) im Rahmen der gesetzlichen Offenlegungspflichten (Kapitalgesellschaften oder private Großunternehmen) bzw. aufgrund freiwilliger Offenlegung (private Einzelunternehmen und Personenhandelsgesellschaften) oder komplett zur Dokumentation des Geschäftsgebahrens im Konkursfall (alle Unternehmensformen) auch Außenstehenden zugänglich ist. Über den formalen Aufbau und den materiellen Inhalt der Rechnung existieren mehr oder weniger detaillierte gesetzliche Vorschriften (insbesondere in den §§ 238 bis 339 HGB) und ungeschriebene Grundsätze ordnungsmäßiger Buchführung.

Im Gegensatz dazu sind die von dem *internen Rechnungswesen* bereitgestellten Informationen über die Vorgänge, die sich innerhalb der Unternehmung abspielen (Leistungserstellung und Güterverzehr), in der Regel nur für unternehmensinterne Entscheidungsträger (Geschäftsleitung bzw. Eigentümer) bestimmt. Dementsprechend sind Aufbau und Inhalt der Rechnung im wesentlichen von den Informationsbedürfnissen und unternehmenspolitischen Zielsetzungen dieser betrieblichen Entscheidungsträger bestimmt. Gesetzliche Vorschriften bestehen nicht, wenn man von Ausnahmen in Bezug auf die Preisermittlung bei öffentlichen Aufträgen absieht. Externes und internes Rechnungswesen unterscheiden sich damit vor allem hinsichtlich des Informationsgegenstandes und der Informationsempfänger.

Die sog. *Geschäfts- oder Finanzbuchhaltung* als externe Rechnung dient in erster Linie der vergangenheitsorientierten Dokumentation und Rechenschaftslegung über sämtliche aufgetretenen Geschäftsvorfälle. Sie verrechnet diese im Kontensystem der doppelten Buchführung auf *Bestandskonten*, auf denen die erfolgs*neutralen* Wertbewegungen bzw. Transaktionen mit der Außenwelt erscheinen, und auf *Erfolgskonten*, die die erfolgs*wirksamen* Buchungen aus solchen Transaktionen aufnehmen. *Maßgrößen* sind Einnahmen und Ausgaben bzw. Erträge und Aufwendungen. Der Abschluß der Bestandskonten führt zur Bilanz und der Abschluß der Erfolgskonten zur Gewinn- und Verlustrechnung. Bilanz und Gewinn- und Verlustrechnung bilden zusammen den Jahresabschluß, bei Kapitalgesellschaften und Großunternehmen kommt noch ein Anhang mit zusätzlichen Erläuterungen hinzu.

Der Jahresabschluß bildet für externe Interessenten (Finanz- und Warenkreditgeber, potentielle Eigenkapitalgeber, Arbeitnehmervertretungen und Fiskus) die – oftmals alleinige – Einblicksmöglichkeit in die Geschäftätigkeit und den Erfolg der Unternehmung. Dagegen ist dem Rechnungswesen der DDR eine Einsichtnahme in die ‚Erfolgsrechnung‘ der Betriebe durch die Öffentlichkeit völlig wesensfremd.

Die *Betriebsbuchhaltung* als Teil des internen Rechnungswesens beschränkt sich auf die zahlenmäßige Darstellung der Zusammenhänge im Bereich der eigentlichen betrieblichen Leistungserstellung und Güterumwandlung. Sie knüpft also im wesentlichen an die Realgüterbewegungen an, während in der Finanzbuchhaltung auch die Nominalgüterbewegungen (Geldflüsse) ihren Niederschlag finden. Obwohl die Betriebsbuchhaltung zum Teil aus bestimmten Kontenkreisen der Finanzbuchhaltung abgeleitet wird oder darauf zugreift, wird sie mit zunehmender Betriebsgröße nur noch in statistisch-tabellarischer Form geführt. Man spricht deshalb auch von Betriebsabrechnung. *Maßgrößen* sind die Kosten und (bewerteten) Leistungen. Der (pagatorisch) realisierte (je nach Zielsetzung unter Umständen auch der kalkulatorische) Periodenerfolg wird nachträglich als Differenz aus den Leistungen und den Kosten einer Periode ermittelt.

Zu beachten ist, daß die Begriffe Betriebsbuchhaltung und internes Rechnungswesen nicht deckungsgleich sind. Neben der Betriebsbuchhaltung umfaßt das interne Rechnungswesen nämlich noch eine Vielzahl anderer Informationsrechnungen, wie z. B. Finanzpläne, Investitions- und Finanzierungskalküle, Betriebsstatistiken und die Preiskalkulation (Ermittlung des langfristigen Angebotspreises und kurzfristiger Preisuntergrenzen).

Einen zusammenfassenden Überblick über den Aufbau des Rechnungswesens in der Bundesrepublik gibt folgende Abbildung 1.

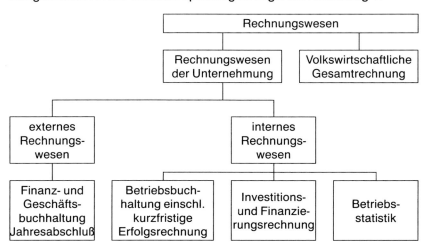

Abb. 1: Aufbau des Rechnungswesens in der Bundesrepublik

2. Organisation des Rechnungswesens

Man kann sich das betriebliche Rechnungswesen als eine eigenständige Dienstleistungsabteilung innerhalb der Unternehmung vorstellen, deren Aufgabe darin besteht, auf der Grundlage von Belegen über die einzelnen Geschäftsvorfälle oder anhand sonstiger Daten Informationen über das betreffende Unternehmen (Mengen- und Wertgrößen) zu produzieren, aufzuarbeiten und bereitzustellen. Das Rechnungswesen wird deshalb in der Bundesrepublik organisatorisch häufig als eigenständige Serviceabteilung neben den eigentlichen operativen Abteilungen geführt. Ziel ist es dabei, die verfügbaren quantitativen Daten möglichst effizient und kostengünstig zu ermitteln und den zuständigen Entscheidungsträgern für Planungs-, Steuerungs- und Kontrollzwecke zentral zur Verfügung zu stellen.

Aus dem Wirtschaftlichkeitsprinzip läßt sich auch der Grundsatz der Einmaligkeit der Kostenerfassung ableiten. Die Kosten- und Leistungsrechnung ist zwar eine eigenständige Rechnung, doch verarbeitet sie auch Daten aus anderen Bereichen. Vielfach können deshalb z. B. die in der Finanzbuchhaltung erfaßten Daten (z. B. Löhne und Gehälter, Energie, etc.) direkt übernommen werden. Daraus ergibt sich auf der anderen Seite die Notwendigkeit einer Abstimmung zwischen Finanzbuchhaltung und Kostenrechnung.

Mit Hilfe der elektronischen Datenverarbeitung ist es ohne weiteres möglich, in Datenbanken die anfallenden Daten zu sammeln und nach vorgegebenen Gliederungsgesichtspunkten zu sortieren, um sie zu gegebener Zeit entsprechend den unternehmerischen Zielsetzungen zu verarbeiten (vergleiche dazu das Beispiel in Abbildung 2). Bei der Zusammenfassung der Daten über die aufgetretenen Güterverbräuche und ihre Preise zu Kostenarten können dabei bereits die Rechnungsziele der Kostenstellen- und der Kostenträgerrechnung im Rahmen der Kostenartengliederung berücksichtigt werden.

Bei der Organisation der Kostenrechnung geht es allerdings nicht allein darum, eine möglichst umfassende Datenbank anzulegen. Vielmehr sollen nach dem Grundsatz der Wirtschaftlichkeit nur gesetzlich vorgeschriebene oder intern entscheidungsrelevante Informationen erfaßt und gespeichert bzw. die ohnehin vorhandenen Daten für die Beantwortung möglichst vieler Fragestellungen nutzbar gemacht werden. Um dabei die Abrechnungsinhalte jederzeit überprüfen zu können, muß jede Kostenkomponente stets eindeutig nachvollzieh-

| Kostenarten | Kosten / Aufwendungen der Finanzbuchhaltung | | Wiederbeschaffungskosten (Istkosten) | | | Plan-kosten | Kostenträger- | | durch Kostenstellen | | ausgabe-wirksame Kosten | nicht aus-gabewirk-same Kosten |
	laufendes Jahr	Vorjahr	fix	variabel	gesamt		einzel-kosten	gemein-kosten	beein-flußbar	nicht-beein-flußbar		
Material	60000	63000	—	64000	64000	63000	64000	—	64000	—	64000	—
Hilfs-/Betriebsstoffe	6000	7000	—	7500	7500	8000	—	7500	7500	—	7500	—
Fertigungslöhne	40000	35000	—	40000	40000	39000	40000	—	40000	—	40000	—
Hilfslöhne	20000	17000	5000	15000	20000	19500	—	20000	20000	—	20000	—
Gehälter	45000	55000	45000	—	45000	45000	—	45000	—	45000	45000	—
Sozialaufwand	22000	20000	12000	10000	22000	21000	—	22000	—	22000	18000	4000
Versicherungen	6000	5000	6000	—	6000	6000	—	6000	—	6000	6000	—
Energie	4000	3000	2000	2000	4000	3000	—	4000	2000	2000	4000	—
Reparaturen	5000	2000	4000	2000	6000	5000	—	6000	6000	—	3000	3000
gezahlte Zinsen	8000	10000	—	—	—	—	—	—	—	—	8000	—
AfA	15000	18000	—	—	—	—	—	—	—	—	—	15000
kalk. Abschreibungen	—	—	20000	—	20000	20000	—	20000	—	20000	—	20000
kalk. Zinsen	—	—	10000	—	10000	10000	—	10000	—	10000	—	10000
kalk. Unternehmerlohn	—	—	14000	—	14000	14000	—	14000	—	14000	—	14000
kalk. Wagnisse	—	—	3000	—	3000	3000	—	3000	—	3000	—	3000
Summen	231000	235000	121000	140500	261500	256500	104000	157500	139500	122000	215500	69000

Abb. 2: Datenbank als aufgegliederte Kostenartenrechnung einer bestimmten Periode

bar sein. Dazu benötigt man eine lückenlose und stufenweise verdichtete Dokumentation aller berücksichtigten Kostenelemente, die es erlaubt, den Einzelfall eindeutig auf seine Quellen zurückzuführen. Wegen der Prinzipien der Kostenerfassung wird auf Kapitel 2, Abschnitt A verwiesen.

Grundlage solcher Datenbanken ist der betriebliche Kontenplan, bei dessen Gestaltung aus Gründen der Vergleichbarkeit eine gewisse Kontinuität gewahrt werden muß. Weiterhin ist bei der Organisation darauf zu achten, daß die Voraussetzungen für eine zeitnahe Erfassung der Daten geschaffen werden, da hiervon die Verwendbarkeit der Kostenrechnung als Informations- und Entscheidungsinstrument entscheidend abhängt.

B. Formen der Verbindung von Finanz- und Betriebsbuchhaltung

Der Prozeß der betrieblichen Leistungserstellung setzt sich aus einer Vielzahl wirtschaftlicher Handlungen und Geschäftsvorfälle zusammen, die in ihrer Gesamtheit bereits durch die Finanzbuchhaltung aufgezeichnet werden müssen. Es stellt sich deshalb organisatorisch das Problem, eine weitgehende Verknüpfung der verschiedenen Abrechnungssysteme zu erreichen, um unnötige Mehrfacherfassung von Daten und Geschäftsvorfällen zu vermeiden, die Abrechnung flexibel zu gestalten und ggf. kurzfristige Zwischenabschlüsse zu ermöglichen. Alternativ kommt dabei vor allem eine Eingliederung der Betriebsbuchhaltung in die Finanzbuchhaltung (Einkreissystem) oder ein getrennter Aufbau beider Bereiche (Zweikreissystem) in Betracht. Zur Darstellung und zum besseren Verständnis dieser möglichen Organisationsformen für Abrechnungssysteme[2] soll zunächst ein Überblick über die Grundzüge der Finanzbuchhaltung gegeben werden.

---

2 Vgl. hierzu Schweitzer/Küpper: Systeme der Kostenrechnung, 4. Aufl. Landsberg a. L. 1986, S. 92 ff.

1. Grundzüge der Buchhaltung

In der Finanz- oder Geschäftsbuchhaltung wird eine lückenlose, nachträgliche, laufende und systematische Aufzeichnung von Geschäftsvorfällen und sonstigen wirtschaftlichen Vorgängen einer Unternehmung vorgenommen. Man unterscheidet dabei die Formen der einfachen, der kameralistischen und der doppelten Buchführung. Abgesehen von Kleinstbetrieben mit einfacher Buchführung wird in allen größeren Unternehmungen das System der doppelten Buchführung angewendet. Die Bezeichnung 'doppelt' geht auf die zweifache Erfolgsermittlung durch Erfassung einerseits der Bestandsveränderungen (Vermögensmehrungen und -minderungen) und andererseits der Aufwendungen bzw. Erträge zurück.

Die Rechnungslegung der öffentlichen Hand erfolgt dagegen im Rahmen der sog. kameralistischen Buchführung, die als reine Kassenabrechnung keine Vermögensermittlung kennt. Bei der kameralistischen Buchführung bestimmt der Etat oder Haushaltsplan im voraus die Einnahmen und Ausgaben (Soll). Der Sollspalte steht die Istspalte gegenüber, die die Erfüllung der einzelnen Haushaltstitel anzeigt.

Im *System der doppelten Buchführung* werden die einzelnen Geschäftsvorfälle durch Buchungen auf Konten erfaßt. Ein Konto ist eine zweiseitige Aufstellung, deren linke Seite mit ‚Soll' und deren rechte Seite mit ‚Haben' bezeichnet wird; man spricht daher auch von T-Konten. Die Differenz der Summen beider Seiten liefert den Kontenendbestand (Saldo). Unterschieden werden die sog. Bestandskonten (Vermögens- und Schuldenkonten) und die Erfolgskonten (Aufwands- und Ertragskonten), die jeweils betriebsindividuell beliebig untergliedert werden können. Aus Gründen der Übersichtlichkeit und zwischenbetrieblichen Vergleichbarkeit sind branchenspezifische Systematiken solcher Kontenuntergliederungen (Kontenrahmen) geschaffen worden. Diese sind allerdings für die Unternehmungen nicht verbindlich. Die konkrete Ausgestaltung des Kontenrahmens im Hinblick auf die spezifischen betrieblichen Belange bildet der *Kontenplan*, bei dem auf Basis der Dezimalklassifikation zur besseren edv-technischen Verarbeitung jedem Konto eine Nummer zugeordnet wird, welche u.a. die Art des Kontos (Bestandskonto oder Erfolgskonto) ausdrückt.

Die einzelnen Geschäftsvorfälle werden nach ihrem Inhalt (Buchungstext) und Wert (Betrag) durch *Buchungen* auf den betreffenden Konten fixiert. Dabei gilt der Grundsatz „Keine Buchung ohne Beleg". Die Gesamtheit der Buchungen auf Konten wird auch als Hauptbuch bezeichnet. Der Buchungssatz gibt jeweils an, auf welchen Konten die Buchung erfolgt (z. B. Maschinenkauf: Konto „Maschinen" 5000 DM an Konto „Bank" 5000 DM), wobei das zuerst genannte Konto immer den Buchungsbetrag auf der Sollseite und das zuletzt genannte Konto (Gegenkonto) den Buchungsbetrag auf der Habenseite aufnimmt. Mit einem einzigen Buchungssatz können auch gleichzeitig mehrere Konten im Soll und im Haben angesprochen werden. In diesem Fall muß die Summe aller Soll-Beträge zwingend der Summe aller Haben-Beträge entsprechen.

Die einzelnen Buchungen werden nicht nur im sog. Hauptbuch nach sachlichen Gesichtpunkten auf den betreffenden Konten gesammelt, sondern es erfolgt gleichzeitig (ohne Kontenaufteilung) eine chronologische Ordnung des gesamten Buchungsstoffs nach der Reihenfolge der durchgeführten Buchungen im sog. Grundbuch (Buchungsjournal). Neben dem Grundbuch und dem Hauptbuch werden in der Regel noch verschiedene Nebenbuchhaltungen wie z. B. Debitoren- und Kreditorenkontokorrente sowie eine Material-, eine Lohn- und eine Anlagenbuchhaltung geführt. Man kann sich diese Nebenbuchhaltungen als Unterkonten bestimmter Hauptbuchkonten mit einem eigenständigen Nummernkreis vorstellen, deren Salden auf die betreffenden Hauptbuchkonten (z.T. automatisch) übertragen werden. Dadurch ergibt sich eine bessere Übersichtlichkeit der Inhalte der Hauptbuchkonten.

Eine weitere Untergliederung läßt sich, wie oben dargestellt, in die Finanz- oder Geschäftsbuchhaltung und in die Betriebsbuchhaltung vornehmen.

2. Einkreissysteme zur Verbindung von Finanz- und Betriebsbuchhaltung

Im *Einkreissystem* ist die Betriebsbuchhaltung ein (abgrenzbarer) Bestandteil der umfassenderen Finanz- oder Geschäftsbuchhaltung mit einem eigenständigen Kontonummernkreis. Beide Bereiche bilden zusammen ein einheitliches Kontensystem, wobei bei dem reinen Einkreissystem die Betriebsbuchhaltung kontenmäßig vollständig in die Finanzbuchhaltung integriert ist (ungeteilte Gesamtbuchhaltung).

Das *reine Einkreissystem* wird vorwiegend in kleineren und mittelständischen Unternehmen angewendet, wo die Überschaubarkeit des Prozesses der Leistungserstellung noch keine hochentwickelte interne Abrechnung erfordert. Mit zunehmender Betriebsgröße wird das Bedürfnis nach einer größeren Flexibilität der periodischen Istkostenrechnung jedoch bald eine Aussonderung der Betriebsbuchhaltung aus der Finanzbuchhaltung erfordern. Dazu kann z. B. die Betriebsbuchhaltung als Nebenbuchhaltung an die als geschlossenes Kontensystem geführte Finanzbuchhaltung ‚angehängt' werden. Die Konten der Hauptbuchhaltung, soweit sie die innerbetriebliche Abrechnung betreffen, haben in diesem Fall lediglich den Charakter von Sammelkonten, die erst in der angehängten Betriebsbuchhaltung inhaltlich näher spezifiziert werden. Das Sammelkonto gibt nach Abschluß der Konten der Betriebsbuchhaltung den aktuellen Stand des Betriebsergebnisses wieder; man spricht von einem *ergänzten Einkreissystem*.

Wegen der gesonderten Erfassung der innerbetrieblichen Abrechnung und der größeren Flexibilität gegenüber der ungeteilten Gesamtbuchhaltung eignet sich das ergänzte Einkreissystem eher für die Einführung einer Betriebsabrechnung (Nachkalkulation) zur Kontrolle der Wirtschaftlichkeit in der Unternehmung und zur Betriebslenkung auf Vollkostenbasis (wegen der Schwächen solcher Vollkostenrechnungen wird auf Kapitel 3 A verwiesen).

3. Zweikreissysteme zur Verbindung von Finanz- und Betriebsbuchhaltung

Im *Zweikreissystem* bilden Finanz- und Betriebsbuchhaltung zwei getrennte, in sich geschlossene Abrechnungskreise. Während die Finanzbuchhaltung den (pagatorischen) Erfolg (ggf. unter besonderer Berücksichtigung von Bestandsveränderungen) als Differenz von Aufwendungen und Erträgen in der Gewinn- und Verlustrechnung ermittelt, beschränkt sich die Betriebsbuchhaltung in der Kosten- und Ergebnisrechnung auf die innerbetriebliche (kalkulatorische) Abrechnung durch Gegenüberstellung von Kosten und bewerteten Leistungen (Erlösen). Dabei lassen sich nach der Art der Verbindung der Abrechnungskreise das Spiegelbildsystem und das Übergangssystem unterscheiden[3].

---

3 Vgl. Haberstock, Grundzüge der Kosten- und Erfolgsrechnung, 1. Aufl. München 1975, S. 53

Beim *Spiegelbildsystem* werden Finanz- und Betriebsbuchhaltung getrennt voneinander geführt. Die in der Finanzbuchhaltung erfaßten pagatorischen Kosten- und Erlösarten sowie die Bestände an fertigen und unfertigen Erzeugnissen werden zur Ermittlung des kalkulatorischen Erfolgs in die Betriebsbuchhaltung übernommen und – soweit gewünscht – um kalkulatorische Kosten- und Erlöskomponenten ergänzt. Die Gesamtkosten werden in Einzelkosten und Gemeinkosten – bezogen auf die jeweiligen Kostenträger (z. B. Produkte) – aufgegliedert. Anschließend werden für jeden Kostenträger die Einzelkosten direkt auf das Konto „Unfertige Erzeugnisse" gebucht, während die Gemeinkosten zunächst über eine Kostenstellenrechnung auf die beteiligten Kostenstellen verteilt und erst danach dem Konto „Unfertige Erzeugnisse" bzw. dem (Verkaufs)Erlöskonto für die einzelnen Kostenträger nach bestimmten Schlüsseln zugerechnet werden. Wegen des Verfahrens der Gemeinkostenschlüsselung wird auf Kapitel 2 verwiesen. Die Bestände (Endsalden) der fertigen und unfertigen Erzeugnisse werden am Periodenende über das (Verkaufs)Erlöskonto abgeschlossen, dessen Saldo somit den kalkulatorischen Periodenerfolg anzeigt.

Da bei der Übernahme der Kostenarten aus der Finanzbuchhaltung auf die Konten der Betriebsbuchhaltung die zugehörige Gegenbuchung fehlt (die jeweiligen Gegenkonten zu den Kostenarten gehören zu der in sich abgeschlossenen Finanzbuchhaltung), wird zur Erhaltung der Doppik häufig ein formales Ausgleichskonto eingerichtet. Dieses nimmt die entsprechenden Gegenbuchungen sowie die Abschlußbuchungen am Periodenende auf. Es zeigt den kalkulatorischen Erfolg und seine Komponenten im Vergleich zur Gewinn- und Verlustrechnung der Finanzbuchhaltung auf der entgegengesetzten Seite. Dieser spiegelbildliche Ausweis prägte den Namen des Systems.

Konto „Gewinn- und Verlustrechnung"		Betriebliches Ausgleichskonto	
neutraler Aufwand	neutraler Ertrag	betrieblicher Ertrag	betrieblicher Aufwand
betrieblicher Aufwand	betrieblicher Ertrag		Anfangs-bestände
Bestandsmin-derungen	Bestands-mehrungen	Endbestände	
Gewinn	Verlust	kalkulatori-scher Verlust	kalkulatori-scher Gewinn

Abb. 3: GuV-Konto und Betriebliches Ausgleichskonto im Spiegelbildsystem
[Quelle: Eisele, Technik des betrieblichen Rechnungswesens]

Anders als beim Spiegelbildsystem werden beim sog. *Übergangssy-stem* die Zusammenhänge zwischen den Bereichen Finanz- und Betriebsbuchhaltung und die Geschlossenheit der Gesamtbuchhaltung durch die Einrichtung von beliebig ausgestaltbaren Übergangskonten gewahrt. Diese ermöglichen die Abrechnung jeweils mit dem anderen Buchungsbereich. So kann z. B. das Übergangskonto der Finanzbuchhaltung die Kostenarten an die Betriebsbuchhaltung weitergeben, während das Übergangskonto der Betriebsbuchhaltung die Herstellkosten der abgesetzten Erzeugnisse sowie die Verwaltungs- und Vertriebsgemeinkosten an die Finanzbuchhaltung zurückgibt.

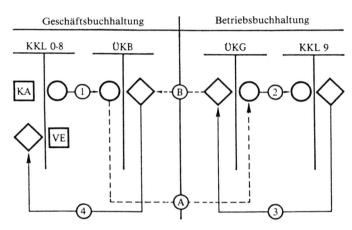

Legende:
KKL   Kontenklasse(n)
ÜKB   Übergangskonto Betrieb
ÜKG   Übergangskonto Geschäft
KA   Kostenarten
VE   Verkaufserlöse

1   Materialentnahme
2   Materialverbrauch
3   Herstellkosten der Erzeugnisse, Verwaltungs- und Vertriebsgemeinkosten
4   Erfolgsfeststellung

A   Übertrag der Kostenarten von der Geschäfts- in die Betriebsbuchführung (fingierte Lieferung des Geschäfts an den Betrieb)
B   Rückführung der Herstellkosten, der Verwaltungs- und Vertriebsgemeinkosten von der Betriebs- in die Geschäftsbuchführung (fingierter Verkauf der hergestellten Produkte vom Betrieb ans Geschäft)

Abb. 4: Zusammenhang zwischen Geschäfts- und Betriebsbuchhaltung beim Übergangssystem
[Quelle: Eisele, Technik des betrieblichen Rechnungswesens]

Das Zweikreissystem kommt insbesondere dort zur Anwendung, wo kurzfristig verfügbare und qualifizierte Informationen über die internen Bereichsergebnisse zur Planung und Steuerung des Produktionsprozesses benötigt werden, wo umfangreiche und komplizierte innerbetriebliche Abrechnungen erforderlich oder wo Finanz- und Betriebsbuchhaltung z. B. wegen mehrerer Filialen notwendigerweise räumlich getrennt sind.

C. Traditionelle Gliederung der Kosten- und Leistungsrechnung

Im Gegensatz zur Gewinn- und Verlustrechnung des externen Rechnungswesens, die lediglich eine Zusammenstellung der Aufwendungen und Erträge der Abrechnungsperiode darstellt und deren Saldo den Periodenerfolg (Gewinn oder Verlust) wiedergibt, besteht zwischen der Kostenrechnung und der Leistungsrechnung ein Unterschied. In der *Kostenrechnung* geht es um die Ermittlung der Kosten für die Leistungserstellung, d. h. des in Geldeinheiten ausgedrückten Verbrauchs an Produktionsfaktoren (Sachgüter, Dienstleistungen, Arbeitseinsatz). Sie erfaßt damit die Verbrauchs- oder Input-Seite des Produktionsprozesses. Demgegenüber werden in der *Leistungsrechnung* die Werte (Erlöse) der erstellten und/oder abgesetzten Produkte ermittelt; sie erfaßt die Output-Seite des Produktionsprozesses. Beide Rechnungen zusammengenommen bilden die kurzfristige Erfolgsrechnung der Betriebsbuchhaltung, die der Gewinn- und Verlustrechnung der Finanzbuchhaltung vergleichbar ist.

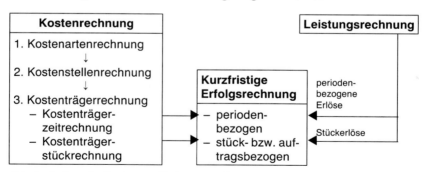

Abb. 5: Aufbau der Kosten- und Leistungsrechnung
[Quelle: Hummel/Männel, Kostenrechnung 1]

12

Den Informationsfluß in der Kostenrechnung veranschaulicht folgende Abbildung:

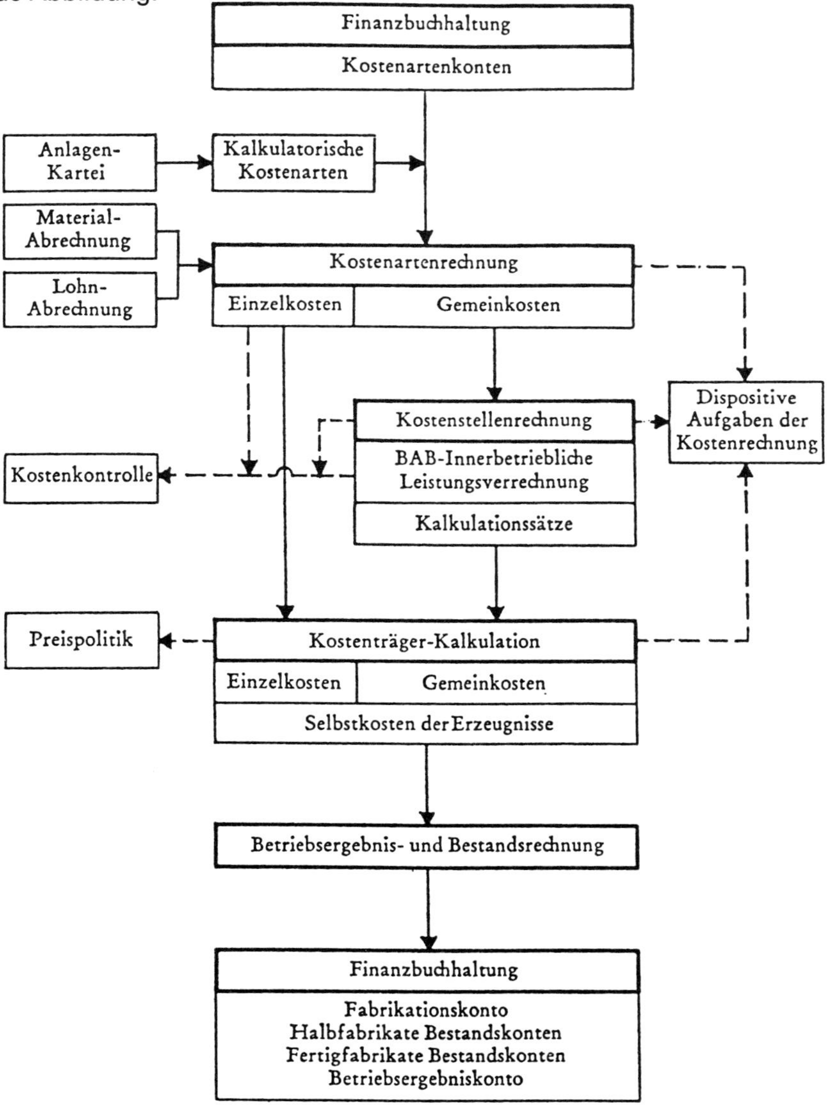

Abb. 6: Informationsfluß in der Kostenrechnung
[Quelle: Kilger, Flexible Plankostenrechnung]

Für die Gliederung der Kostenrechnung hat sich dem tatsächlichen Abrechnungsgang folgend traditionell eine Einteilung in die Abrechnungsschritte Kostenartenrechnung, Kostenstellenrechnung und Kostenträgerrechnung eingebürgert. Die *Kostenartenrechnung* am Beginn des Abrechnungsvorgangs dient der Erfassung und Gruppierung aller Faktorverbräuche innerhalb der Abrechnungsperiode und gibt damit Auskunft, *welche* Kostenarten z. B. in einem Monat angefallen sind. Entsprechendes gilt für die Erlösarten. Die pagatorischen Eingangsdaten der Kostenartenrechnung kommen entweder aus der Finanzbuchhaltung oder aus den ihr vorgelagerten Hilfsrechnungen (z. B. Abschreibungen aus der Anlagenbuchhaltung, Löhne aus der Lohn- und Gehaltsbuchhaltung, Materialkosten aus der Lagerbuchführung) und werden gegebenenfalls um kalkulatorische Komponenten ergänzt.

In der *Kostenstellenrechnung* werden die angefallenen Kostenarten auf die Anfallorte bzw. betrieblichen Funktionsbereiche (Kostenstellen) verteilt. Dies gilt insbesondere für solche Kosten, die nicht unmittelbar einzelnen Produkteinheiten (Kostenträgern) zugeordnet werden können, sondern die in bestimmten örtlich oder funktional (z. B. Produktion, Qualitätssicherung, Verwaltung) abgegrenzten Abteilungen anfallen. Die Kostenstellenrechnung beantwortet damit die Frage, *wo* während der Abrechnungsperiode *in welcher Höhe* Kosten angefallen sind, die nicht unmittelbar den Kostenträgern zugerechnet werden können.

Die *Kostenträgerrechnung* als letzte Stufe der Betriebsabrechnung erfaßt schließlich die in der Abrechnungsperiode angefallenen Kosten verwendungsbezogen nach Kostenträgern. Sie beantwortet die Frage, für *welche* Produkte oder Produktgruppen *in welcher Höhe* Kosten angefallen sind. Da diese Frage sowohl für die einzelne Produkteinheit als auch für die gesamte Stückzahl einer Produktart innerhalb einer Periode gestellt werden kann, spricht man je nach Aufgabenstellung von Kostenträger*stück*rechnung oder Kostenträger*zeit*rechnung.

Bei der Kostenkalkulation kann je nach Blickrichtung entweder die (Teil) Abbildung des *realisierten* Unternehmungsprozesses (Nachrechnung), oder eine (Teil) Abbildung des *künftig erwarteten* Unternehmungsprozesses (Vorschaurechnung) im Vordergrund stehen. Im Rahmen einer *Nachkalkulation* dient die Ermittlung der effektiv angefallenen Kosten primär der Information über den realisierten (mengen- oder wertmäßigen) Faktorverbrauch. Anstelle von tatsächlichen Größen kann dabei zur Vereinfachung u.U. auch von Durchschnittsgrößen ausgegangen werden. Demgegenüber dient die *Vorkalkulation* der Bestimmung der für zukünftige sachzielbezogene Güterverbräuche voraussichtlich anfallenden Kosten. Auch hierbei ist eine Durchschnittsbetrachtung denkbar und wohl die Regel. Voraussetzung für die Planung zukünftiger Stückkosten oder Kosten eines Produktionsprogramms ist jedoch stets eine fundierte Prognose auf Basis der festgestellten Gesetzmäßigkeiten (Kostenfunktionen), die z. B. mit Hilfe von Regressionsanalysen anhand von Vergangenheitsdaten ermittelt werden können. Dabei müssen allerdings die Einflüsse sich verändernder Produktionsbedingungen und geänderter Produkte bzw. Produktionsprogramme berücksichtigt werden.

Wegen Einzelheiten zum Aufbau und Verfahren der Kostenrechnung wird auf Kapitel 2, Abschnitt B verwiesen.

Die in der Kostenträgerrechnung ermittelten Gesamtkosten bzw. Stückkosten der Produkte können anschließend den aus der *Leistungsrechnung* zu entnehmenden entsprechenden Gesamt- oder Stückerlösen gegenübergestellt werden, um den Erfolg der einzelnen Produkte zu bestimmen. Bezüglich des Inhalts und des Aufbaus der Leistungsrechnung hat sich noch keine einheitliche Übung herausgebildet. Sie ist zweckmäßigerweise an der jeweiligen betriebsindividuellen Fragestellung auszurichten.

1. Kapitel: Aufgaben und Grundbegriffe der Kosten- und Leistungsrechnung

A. Rechnungsziele und ihre Bedeutung für die Kostenrechnungsinstrumente

I. Kostenrechnung als zielorientierte Informations- und Entscheidungsrechnung

1. Aufgaben der Kostenrechnung

Die Kosten- und Leistungsrechnung ist kein Selbstzweck sondern ein internes Informationsinstrument zur Erfüllung einer Vielzahl von Planungs- und Kontrollaufgaben in einer Unternehmung. Ihre Aufgaben und Zwecke hängen dabei entscheidend von den Zielsetzungen der betrieblichen Entscheidungsträger ab[4], denn ab einer bestimmten Größe und Komplexität der Unternehmung kann die Unternehmensführung nicht mehr auf Grund unmittelbarer persönlicher Wahrnehmungen und Eindrücke entscheiden, sondern ist auf leistungsfähige Informationssysteme angewiesen. In diesem Zusammenhang ist die Kosten- und Leistungsrechnung als ein Mittel zur Unterstützung der Entscheidungsfindung in der Unternehmung anzusehen. So könnte sich aus der Kostenrechnung etwa ergeben, daß die Kosten für die Eigenfertigung eines Vorproduktes erheblich gestiegen sind. Auf Grund dessen stellt sich der Unternehmensleitung die Frage, ob künftig dieses Vorprodukt nicht besser fremd bezogen werden sollte. Zur Lösung dieses Problems wird sie Kostenprognosen für die Alternativen „Eigenfertigung" und „Fremdbezug" benötigen, die die Kostenrechnung zumindest teilweise ebenfalls bereitzustellen hätte.

Ist einmal ein optimales Produktionsprogramm festgelegt, muß anschließend ein bestimmtes Kosten- oder Leistungssoll vorgegeben werden, das einzuhalten ist, damit die aufgrund bestimmter Prämissen getroffene Auswahlentscheidung unter Gewinnmaximierungsaspekten richtig bleibt. Wird die Verantwortung hierfür auf nachgeordnete Stellen delegiert, muß ferner die Einhaltung der Vorgaben

---

4 Vgl. hierzu insbesondere Hummel/Männel, Kostenrechnung 1 – Grundlagen, Aufbau und Anwendung, 3. Aufl. Wiesbaden 1982, S. 29 – 33

durch Kontrollinformationen, z. B. einen regelmäßigen Soll-/Istvergleich überwacht werden. Treten dabei nicht tolerierbare Abweichungen zwischen Sollvorgabe und Istkosten auf, kann diese Information der Unternehmensleitung Anlaß zu Rücksprachen mit dem Kostenstellenverantwortlichen geben oder als Anregung dienen, sich erneut mit dem Auswahlproblem zu befassen.

Um die Aufgaben und Verfahrensabläufe der Kostenrechnung zu verstehen, genügt es also nicht aufzuzählen, wann man mit Plankosten, Sollkosten oder Istkosten rechnet oder eine Kostenarten-, Kostenstellen- oder Kostenträgerrechnung braucht. Mindestens genauso wichtig ist es, sich in jedem Einzelfall zu vergegenwärtigen, welches konkrete Problem (z. B. Preiskalkulation, Wirtschaftlichkeitskontrolle in Betriebsabteilungen, Wahl zwischen Eigenfertigung oder Fremdbezug oder die Bewertung von Lagerbeständen) mit Hilfe der jeweiligen Kostendaten gelöst werden soll.

In der DDR war unter der staatlich gelenkten Planwirtschaft die Selbstkostenermittlung naturgemäß nahezu alleinige Zielsetzung der Kostenrechnung; es dominierte sozusagen die Ermittlungsfunktion der Kostenrechnung, d. h. die Aufgabe der wirklichkeitsgetreuen Abbildung und Dokumentation des Produktionsprozesses. In einer Marktwirtschaft legt man dagegen mehr Wert auf eine *entscheidungsorientierte Kosten- und Leistungsrechnung*, die entscheidungsrelevante und -adäquate Informationen zur Verfügung stellt. Informationen sind relevant, wenn sie genau das mitteilen, was in einer bestimmten Situation bekannt sein muß, um ein Problem zu lösen. (Relevante) Informationen sind adäquat, wenn sie kurzfristig verfügbar und so aufbereitet und verläßlich sind, daß der Informationsadressat sie verstehen und zur Entscheidungsfindung heranziehen kann. Hierbei spielt der Grundsatz der Wirtschaftlichkeit eine entscheidende Rolle, denn keine Unternehmung wird eine in jeder Hinsicht perfekte Kostenrechnung einrichten, wenn dies mehr kostet, als es an verwertbaren Erkenntnissen bringt.

Dabei stehen im allgemeinen die folgenden *Aufgaben der Kostenrechnung* im Vordergrund:

1. Kontrolle der Wirtschaftlichkeit des Verbrauchs von Produktionsfaktoren
   a) Kontrolle von Kostenarten und Kostenstruktur durch Zeit-, Betriebs- und Soll-Ist-Vergleich
   b) Wirtschaftlichkeitskontrolle in Abteilungen bzw. Verantwortungsbereichen
2. Kostenkalkulation und Preisbeurteilung
   a) Bereitstellung von Informationen zur Ableitung von Verkaufspreisen, insbesondere Preisuntergrenzen und Selbstkosten
   b) Ermittlung von Preisobergrenzen im Einkaufsbereich
   c) Festlegung von Verrechnungspreisen für interne Leistungen
3. Erfolgsermittlung und Bestandsbewertung
   a) Kurzfristige, differenzierte Erfolgsrechnung, insbesondere Artikelerfolgsrechnung
   b) Bewertung von Beständen an (fertigen und unfertigen) Erzeugnissen sowie von selbsterstellten Anlagen
4. Gewinnung von Unterlagen für Entscheidungsrechnungen, insbesondere für Verfahrensvergleiche i. w. S. und zur Programmplanung.

Abb. 7: Aufgaben der Kostenrechnung

2. Kontrolle der Wirtschaftlichkeit

Mit zunehmender Größe und Überschaubarkeit der Betriebe wird es immer wichtiger, Mängel und Störungen schon frühzeitig zu erkennen. Die Kontrolle der Wirtschaftlichkeit gehört daher seit jeher zu den Hauptaufgaben der Kosten- und Leistungsrechnung[5]. Fragestellung ist dabei aber nicht, ob der erzielte Verkaufspreis ausreichend war, um die angefallenen Kosten zu decken. Es geht vielmehr um die Kontrolle der Einhaltung des ‚ökonomischen Prinzips‘ und damit um die Frage, ob ein bestimmter Produktionserfolg mit dem geringstmöglichen Faktoreinsatz erreicht wurde. Mit dem Kontrollziel des wirtschaftlichen Verbrauchs von Produktionsfaktoren wird also allein die Kostenebene angesprochen.

---

5 Vgl. Hummel/Männel, Kostenrechnung 1 – Grundlagen, Aufbau und Anwendung, 3. Aufl. Wiesbaden 1982, S. 37 – 38

Es ist denkbar, die Wirtschaftlichkeitskontrolle in Form einer mehr globalen Kontrolle von betragsmäßig bedeutsamen Kostenarten, etwa Materialverbräuchen oder Fertigungslöhnen, durchzuführen, indem z. B. in monatlichen Abständen die betreffenden Istzahlen erfaßt und mit den entsprechenden Zahlen des Vormonats oder des gleichen Vorjahresmonats verglichen werden (*Zeitvergleich*). Ergänzend hierzu besteht u.u. die Möglichkeit, die eigenen Daten und die Kostenstruktur (Anteil einzelner Kostenarten an den Gesamtkosten) mit entsprechenden Aufzeichnungen verwandter Betriebe oder dem Branchendurchschnitt zu vergleichen (*Betriebs- oder Branchenvergleich*).

Diese Art der Vergleichsrechnung besitzt jedoch zwei entscheidende Mängel, die ihre Eignung für die Kontrolle der Wirtschaftlichkeit in Frage stellen. Zum einen ist nicht sichergestellt, daß die Vorjahres-/Vormonatszahlen oder Branchenvergleichszahlen als Maßstab für die Einhaltung des Wirtschaftlichkeitsprinzips geeignet sind. Hier besteht die Gefahr, daß – wie Schmalenbach formulierte – „Schlendrian mit Schlendrian" verglichen wird. Dem ließe sich nur abhelfen, wenn das Soll als Vergleichsmaßstab auf Grund einer sorgfältigen und methodischen Analyse ermittelt wird (*Soll-/Istvergleich*).

Zum anderen ist bei festgestellter Kostenabweichung nicht erkennbar, wo der unwirtschaftliche Mehrverbrauch entstanden ist und wer bzw. welche Einflüsse dafür verantwortlich sind.

Dieser Mangel kann behoben werden, wenn die Wirtschaftlichkeitskontrolle nicht nur global, sondern abteilungs-/kostenstellenbezogen durchgeführt wird. Dies hat den Vorteil, daß die Wirtschaftlichkeit durch

— Ermittlung eines Abteilungserfolgs oder durch
— einen Vergleich der Istkosten mit Sollvorgaben (wie in der Plankostenrechnung) bzw.
— mit aus Vergangenheits- oder Branchenvergleichswerten abgeleiteten Soll-Größen (Normal- oder Standardkosten)

je Kostenstelle überwacht werden kann. Dadurch wird es möglich, die Ursachen festgestellter Abweichungen besser zu analysieren und u. U. zu beeinflussen.

Es ist zu beachten, daß ein Kostenstellenleiter nur für solche Kosten verantwortlich sein kann, die er auch zu beeinflussen in der Lage ist. Grundsätzlich ist deshalb der Betrieb nach Verantwortungsbereichen in Kostenstellen zu untergliedern und innerhalb dieser Verantwortungsbereiche streng zwischen beeinflußbaren und nicht beeinflußbaren Kosten zu differenzieren. Dabei ist zu berücksichtigen, daß Kostenabweichungen sowohl auf Mengen-, als auch auf Preisabweichungen zurückzuführen sein können. Sofern der Bereichsleiter auf die Preiskomponente keinen Einfluß hat (z. B. wenn der Materialeinkauf zentral durch den Einkaufsbereich erfolgt), wäre deshalb für eine exakte Beurteilung der wirtschaftlichen Betriebsführung die Wirkung von Preisänderungen zu bereinigen oder durch Ansatz fester Verrechnungspreise auszuschalten.

3. Kostenkalkulation und Preisbeurteilung

Eine weitere Hauptaufgabe der Kosten- und Leistungsrechnung besteht darin, Informationen für die Preispolitik des Unternehmens sowohl auf der Absatz- als auch auf der Beschaffungsseite bereitzustellen[6]. Ziel ist die Ermittlung bzw. Beurteilung von

- Selbstkosten als Ausgangsgröße für den langfristigen Angebotspreis;
- Einkaufspreisen für zu beschaffende Einsatzstoffe;
- Verrechnungspreisen für innerbetriebliche Leistungen;
- kurzfristigen Preisuntergrenzen und Angebotspreisen für Entscheidungen über einmalige Zusatzaufträge.

In einer zentral gelenkten Planwirtschaft, in der die Preise staatlich festgelegt werden, bilden die Kosten i.d.R. die Preisbemessungsgrundlage bzw. dienen zur Preisrechtfertigung. In einer Marktwirtschaft kommen dagegen die Preise grundsätzlich durch einen Ausgleich von Angebot und Nachfrage zustande. Im Idealfall vollkommener Märkte ist der Preis für den Anbieter ein Datum. In diesem Fall ist die Kenntnis der Selbstkosten lediglich für sein (langfristiges) Verbleiben im Markt oder für Erfolgsprognosen von Bedeutung.

Aber auch in den in der Praxis regelmäßig anzutreffenden unvollkommenen Märkten ist es wenig sinnvoll, den am Markt erzielbaren Verkaufspreis beispielsweise durch Ansatz eines Gewinnaufschlags auf die Selbstkosten pro Stück aus der Kostenrechnung ableiten zu wollen. Dies kann einerseits dazu führen, daß bei wenig preisempfindli-

---

6 Vgl. Hummel/Männel, Kostenrechnung 1 – Grundlagen, Aufbau und Anwendung, 3. Aufl. Wiesbaden 1982, S. 33 – 37

cher Nachfrage auf mögliche Gewinne verzichtet wird. Andererseits besteht für Anbieter die Gefahr, sich *„aus dem Markt zu kalkulieren"*, wenn sie sich (ohne Rücksicht auf die Preisvorstellungen der Abnehmer) nur an den Durchschnittskosten orientieren. Diese Gefahr wurde schon in den Anfängen der Kostenrechnung erkannt und durch folgendes Beispiel[7] veranschaulicht.

„Ein Reisebüreau hatte für eine Reihe von Sonntagen Extrazüge bestellt und sich verpflichtet, für jeden Zug 250 Mark zu zahlen. Der Zug sollte 400 Plätze, alle dritter Klasse, haben. Am ersten Sonntage hatte das Büreau den Fahrpreis auf 2 Mark festgesetzt, und es kamen 125 Theilnehmer. Die Roheinnahmen betrugen also 250 Mark, ebensoviel wie die Ausgaben. Nun sagten sich die Direktoren des Büreaus: ,mit diesem Preise kommen wir ja nur auf unsere Selbstkosten; etwas müssen wir doch verdienen'; und so wurde der Preis auf 3 Mark erhöht. Nächsten Sonntag kamen 50 Theilnehmer. Das Ergebnis war eine Einnahme von 150 Mark, und ein reiner Verlust von 100 Mark. Daraufhin meinte man im Büreau: ,die Durchschnittskosten betragen ja 5 Mark für die Person, und wir befördern die Reisenden für 3 Mark; so kann es nicht gehen'. Der Preis wurde jetzt auf 6 Mark erhöht mit dem Ergebnis, daß der Zug am nächsten Sonntag nur 6 Reisende beförderte. Der Verlust steigerte sich jetzt auf 214 Mark. Jetzt endlich traten die Direktoren zusammen und sagten sich: ,Diese Geschichte mit den Selbstkosten muß doch ein Unsinn sein: die bringt uns ja nur Verluste.' So wurde der Preis auf einmal auf 1 Mark herabgesetzt. Der Erfolg war glänzend: die Zahl der Reisenden betrug den nächsten Sonntag 400; es entstand ein Überschuß von 150 Mark, und, das Merkwürdigste von allem, die Selbstkosten waren auf 62,5 Pf. für die Person gesunken."

Als Ergebnis ist festzuhalten, daß Kosteninformationen lediglich angeben, welchen Preis ein Anbieter mindestens fordern muß, um *bei einer bestimmten Absatzmenge* keinen Verlust zu erleiden. Mit Hilfe der Kostenrechnung kann also nicht generell der Verkaufspreis ermittelt, sondern lediglich ein Mindestpreis fixiert oder die Annahme eines Auftrags zu einem vorgegebenen Preis geprüft werden. Um wieviel die tatsächliche Preisforderung darüber hinausgehen kann, hängt allein von dem Verhalten der Nachfrager ab, das nach Möglichkeit durch Marktbeobachtung in Erfahrung gebracht werden muß.

Die Informationen der Kostenrechnung zur Preisbeurteilung beschränken sich nicht auf die Ermittlung von Verkaufspreis-Untergrenzen bei gegebenen Absatzmengen. Aus einem anderen Blickwinkel

---

7 Cassel, Grundsätze für die Bildung der Personentarife auf den Eisenbahnen, in: Archiv für Eisenbahnwesen, 23. Jg. (1900), S. 128, zit. nach Hummel/Männel, Kostenrechnung 1 – Grundlagen, Aufbau und Anwendung, 3. Aufl. Wiesbaden 1982, S. 35

können auch Informationen über Obergrenzen von Einkaufspreisen bedeutsam sein. Diese Frage stellt sich beispielsweise bei anstehenden Preisverhandlungen mit Lieferanten, wenn die Unternehmung bei einem gegebenen Verkaufspreis für die eigenen Produkte einen bestimmten Stückgewinn oder Deckungsbeitrag pro Stück nicht unterschreiten will. Auch die Höhe der Einkaufspreis-Obergrenze ist allerdings letztlich von der realisierbaren Absatzmenge der eigenen Produkte abhängig.

Eine weitere Kalkulationsaufgabe hat die Kostenrechnung bei der Festlegung von Verrechnungspreisen für innerbetriebliche Leistungen zwischen verschiedenen Kostenstellen. Grundsätzlich können auch im Innenverhältnis der Kostenstellen untereinander anstelle von Marktpreisen oder frei ausgehandelten Preisen die verfügbaren Kosteninformationen als Verrechnungsbasis für die Leistungen der abgebenden Stelle dienen. Im allgemeinen werden dazu die Selbstkosten der Kostenstellen herangezogen.

4. Kurzfristige Erfolgsrechnung

Eine Erfolgsrechnung nach dem Schema der gesetzlichen Gewinn- und Verlustrechnung gestattet lediglich einen Überblick über den Erfolg der Unternehmung insgesamt. Für die monatliche Berichterstattung an die Geschäftsleitung ist diese Größe zwar ebenfalls von Interesse, um zu sehen, „wo man steht". Für Zwecke der Unternehmenssteuerung und Analyse der Rentabilität und Geschäftsentwicklung einzelner Sparten oder Produkte ist diese Größe jedoch zu global, da die Gewinn- und Verlustrechnung als solche keine Zuordnung von Leistungen zu den jeweiligen durch sie verursachten Kosten ermöglicht. Hierzu bedarf es vielmehr einer Produkt-, Artikel- oder Spartenerfolgsrechnung, die erkennen läßt, in welchem Maße die *einzelnen* Produkte oder Sparten zum Gesamterfolg beitragen. Dazu ist allerdings das Kostenzurechnungsproblem (Kosten pro Sparte oder Produkteinheit) zu lösen, daß bei einer globalen Gewinn- und Verlustrechnung von der Ausbringungsmenge unabhängig ist und sich auf eine korrekte Periodenabgrenzung (z. B. Höhe der Jahresabschreibung auf Produktionsanlagen bei mehrjähriger Nutzungsdauer) reduziert.

5. Bewertung noch nicht verkaufter Halb- und Fertigerzeugnisse

Die am Ende der Abrechnungsperiode noch vorhandenen Bestände an fertigen und unfertigen Erzeugnissen müssen als Vermögensgegenstände in die Bilanz aufgenommen werden. Das Problem der Bewertung von Vorräten an fertigen und unfertigen Erzeugnissen oder von selbsterstellten Anlagen stellt sich aber nicht nur bei der jährlichen (externen) Bilanzierung, sondern auch bei der kurzfristigen (internen) Erfolgsrechnung. Da für diese im Betrieb hergestellten Gegenstände keine Anschaffungskosten existieren, müssen sie ersatzweise mit ihren Herstellungskosten bewertet werden. Dazu muß die interne Kostenrechnung die nötigen Informationen liefern.

In der Regel ergibt sich gegenüber dem Bestand im Vorjahr eine Bestandsveränderung (Vermögensmehrung oder -minderung), die sich auch in irgendeiner Weise in der Erfolgsrechnung niederschlagen muß, denn es ergäbe sich ein unzutreffender Ergebnisausweis, wenn die einander gegenübergestellten Kosten und Leistungen nicht vergleichbar sind, z. B. wenn die Verkaufserlöse einem Absatz von 5000 Stück entsprechen, die Gesamtkosten sich jedoch aus der Produktion von 6500 Stück ergeben. Um in diesem Fall aussagefähige Informationen zu erhalten, ist es erforderlich, entweder durch Erfassung der Bestandsveränderung die Leistungsseite an die angefallenen Gesamtkosten anzupassen (Gesamtkostenverfahren) oder nur diejenigen Kosten in der Rechnung zu erfassen, die den abgesetzten Leistungen entsprechen (Umsatzkostenverfahren).

Beim *Gesamtkostenverfahren* ergibt sich der Periodenerfolg, indem man der *Gesamtleistung* (Verkaufserlöse, sonstige Erträge sowie zu Herstellungskosten bewertete Bestandsveränderungen) auf der einen Seite die nach verschiedenen Kostenarten (Material, Löhne, usw.) gegliederten *Gesamtkosten* gegenüberstellt. Beim *Umsatzkostenverfahren* werden dagegen den Verkaufserlösen und sonstigen Erträgen nur die (Selbst)*Kosten der abgesetzten Leistungen* (Produkte, Dienstleistungen, Waren) gegenübergestellt; die Bestandsveränderungen an fertigen und unfertigen Erzeugnissen bleiben hierbei außer Betracht, da sie ohnehin mit ihren Kosten bewertet werden und daher für sich betrachtet erfolgsneutral sind.

Wegen weiterer Einzelheiten wird auf die Darstellung der kurzfristigen Erfolgsrechnung als Kostenträgerzeitrechnung in Kapitel 2, Abschnitt B III. verwiesen.

6. Informationen für Auswahl- und Optimierungsentscheidungen und sonstige Zwecke

Die Kosten- und Leistungsrechnung muß Informationen bereitstellen, um Verfahrensvergleiche im Bereich der Produktion anstellen zu können. So kann zum Beispiel ein Vergleich verschiedener Fertigungsverfahren in Bezug auf ihre Kosten erfolgen (z. B. Kleben oder Schweißen; Großserienfertigung mit Lagerbildung oder Kleinserienfertigung, u. ä.). Ferner wird die Wahl zwischen verschiedenen Bereitstellungsverfahren (Eigenerzeugung oder Fremdbezug von Vorprodukten; Eigen- oder Fremdreparaturen u. ä.) ermöglicht sowie Daten zur Planung der günstigsten Zusammensetzung des Produktionsprogramms bereitgestellt.

Optimierungsentscheidungen sind dabei nicht auf den Bereich der Produktion beschränkt. Eine gut ausgebaute Kostenrechnung wird vielmehr auch Informationen zu anderen Fragestellungen, z. B. zum Vergleich von Absatzmethoden (Wahl zwischen angestellten Reisenden oder freien Handelsvertretern u. ä.), bereitstellen. Auch die oben bereits angesprochene Kostenkalkulation zur Bestimmung der Preisuntergrenze ist im Grunde eine Rechnung zur Vorbereitung der Entscheidung, den betreffenden Auftrag anzunehmen oder abzulehnen.

Daneben kommen für die Kosten- und Leistungsrechnung noch eine Reihe von sonstigen Aufgaben in Betracht. Beispielsweise liefert sie Daten für Branchenstatistiken oder staatliche Stellen und ihre Kosten- und Leistungsgrößen sind häufig die Grundlage für wirtschafts- und tarifpolitische Auseinandersetzungen zur Rechtfertigung oder zur Abwehr von gewünschten Lohn- oder Preiserhöhungen.

II. Aufbau der Rechnung, Umfang der anzusetzenden Kosten und ihre Bewertung in Abhängigkeit von den Rechnungszielen

1. Grundgedanken

Der Aufbau der Kosten- und Leistungsrechnung, der Umfang der für die Beantwortung der konkreten Fragestellung relevanten anzusetzenden Kosten und die ‚Bewertung‘ der Kosten mit historischen oder kalkulatorischen Preisen ist von den Rechnungszielen abhängig. Da es *die* Kosten- und Leistungsrechnung schlechthin nicht gibt, muß der Anwender sich also zunächst darüber klar sein, welches Ziel der jeweiligen Fragestellung zugrunde liegt. Diesen Zusammenhang muß der Anwender beachten, um den Kostenbegriff richtig interpretieren und das Instrumentarium sinnvoll anwenden zu können.

Unter dem Begriff Kosten wird allgemein der mit Preisen bewertete Güterverzehr zum Zweck der Erstellung der Betriebsleistung verstanden (vgl. unten B.I.1.). Dieser Begriff ist abstrakt und läßt nicht erkennen, in welchem Umfang der eingetretene Güterverzehr jeweils zu berücksichtigen ist. Diese Frage kann nur in Abhängigkeit von dem jeweiligen Rechnungszweck beantwortet werden. So gibt es Ziele, bei denen beispielsweise eine Kostenträgerrechnung erforderlich ist, während in anderen Fällen eine Kostenstellenrechnung den Aufbau der Rechnung bestimmt. Der Umfang der anzusetzenden Kosten wiederum erfordert in manchen Fällen allein die variablen Kosten zu berücksichtigen, während bei anderen Zielsetzungen die vollen (fixe und variable) Kosten anzusetzen sind. Bei der Bewertung dagegen können in bestimmten Fällen erwartete Wiederbeschaffungskosten, in anderen Fällen effektive Anschaffungskosten im Vordergrund stehen. *Grundgedanke* ist dabei stets, daß

– die Rechnung so aufgebaut wird, daß sie die Beantwortung der jeweiligen Fragestellung unterstützt;

– nur die für die Beantwortung der jeweiligen Fragestellung tatsächlich relevanten Kostenkomponenten in die Rechnung einbezogen werden;

– die Kostenbewertung mit effektiven Preisen oder mit Wiederbeschaffungspreisen bzw. kalkulatorischen Bestandteilen davon abhängig gemacht wird, ob vorhandene Kapazitäten oder Rohstoff- und Vorproduktbestände erneuert oder abgebaut werden sollen.

2. Konkrete Anwendungen

a) Aufbau der Rechnung

Ist die *Kontrolle der Wirtschaftlichkeit* das Ziel der Rechnung, so dürfen in die Analyse grundsätzlich nur diejenigen Kosten einbezogen werden, die der zu kontrollierende Bereich (Kostenstelle) auch beeinflußen konnte. Zweck der Rechnung ist ein kostenstellenbezogener Soll-Ist-Vergleich; dazu ist eine Kostenträgerrechnung nicht erforderlich. Die Kostenstellenrechnung steht vielmehr im Vordergrund, weil es nur hier möglich ist, die jeweiligen Istkostenarten mit den geplanten Kostenvorgaben sinnvoll zu vergleichen. Die Kostenstellen müssen dazu exakt und unter Vermeidung von Überschneidungen nach Verantwortungsbereichen voneinander abgegrenzt werden.

Für eine *Kostenkalkulation* und zur *Bestimmung von Wertansätzen in der Bilanz* wird dagegen die Kostenträgerrechnung benötigt, wobei deren Aufbau sich weitestgehend an dem Verursachungsprinzip zu orientieren hat. Dies bedeutet, die Kosten sind demjenigen Kostenträger zuzurechnen, durch den sie verursacht wurden. Bei großer Fertigungstiefe (mehrstufiges Produktionsprogramm mit Eigenfertigung von Vorprodukten) kann dazu zusätzlich eine Kostenstellenrechnung erforderlich sein. In diesem Fall stehen bei der Abgrenzung der Kostenstellen allerdings Verrechnungsgesichtspunkte (Haupt- und Hilfskostenstellen) anstelle von Verantwortungsbereichen im Vordergrund.

Für Zwecke einer *kurzfristigen Erfolgsrechnung* sollte die Kostenrechnung wiederum als Deckungsbeitragsrechnung aufgebaut sein, in der jeweils perioden-, auftrags-, produkt- oder spartenbezogen die Leistungen (Erlöse) den dazugehörigen Kosten gegenübergestellt werden.

Die folgende Abbildung gibt einen Überblick über den Rechnungsaufbau bei alternativen Fragestellungen:

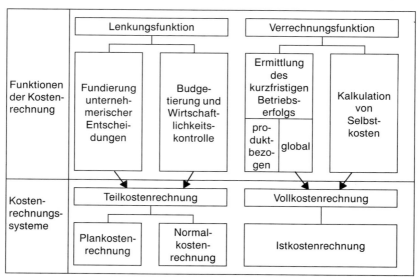

Abb. 8: Aufbau der Kostenrechnung zur Beantwortung alternativer Fragestellungen

b) Umfang der einzubeziehenden Kosten

Bei einer entscheidungsorientierten Kostenrechnung hängt auch der Umfang der in die Analyse einzubeziehenden Kosten von dem jeweiligen Rechnungsziel ab. Zur *Wirtschaftlichkeitskontrolle* sind – wie schon erwähnt – nur die beeinflußbaren Kosten einzubeziehen. Dabei ist zu beachten, daß nicht nur beschäftigungsabhängige (variable) Kosten, sondern auch Teile der (fixen) Kosten der Betriebsbereitschaft beeinflußbar sein können.

Für Zwecke der *Gesamtkostenkalkulation* sind die gesamten Vollkosten, also sowohl variable als auch fixe Kostenbestandteile einzubeziehen, weil diese langfristig erlöst werden müssen, wenn die Unternehmung in ihrem Bestand erhalten werden soll. Das setzt voraus, daß die gegebene Betriebsbereitschaft auch tatsächlich durch Ersatzinvestition erneuert werden soll. Ist über die reine Substanzerhaltung hinaus auch eine Berücksichtigung von Preissteigerungen oder des technischen Fortschritts beabsichtigt, so müßten auch entsprechende Kostenkomponenten angesetzt werden. Hier ist der Übergang zur Frage der ‚Bewertung‘ der anzusetzenden Kosten fließend.

Der Ansatz von Vollkosten ist im Rahmen gewisser Einbeziehungswahlrechte grundsätzlich auch für die *Bewertung der noch nicht verkauften Erzeugnisbestände* in der Bilanz erforderlich. Dabei ergeben sich jedoch insofern Unterschiede, als im Rahmen der bilanziellen Herstellungskosten nur effektiv angefallene und keine kalkulatorischen Kostenbestandteile angesetzt werden dürfen. Auch hier ist also der Übergang zur Bewertung der Kosten ebenfalls fließend.

Darüber hinaus spielen Vollkosten nur noch zur globalen Periodenerfolgsermittlung im Rahmen der Gewinn- und Verlustrechnung eine Rolle. Für die produkt- oder spartenbezogene *kurzfristige Erfolgsrechnung* und für *Programmplanungsentscheidungen* mit Hilfe der Deckungsbeitragsrechnung sind fixe Kosten dagegen meist nicht relevant. Wegen der gegebenen Kapazitäten sind kurzfristige Entscheidungen vielmehr nur mit Hilfe der Deckungsbeiträge auf Basis der variablen Kosten zu treffen. Auf lange Sicht müssen dagegen auch die Kosten der Investitionsentscheidung (fixe Bereitschaftskosten) einbezogen werden.

c) Bewertung der Kosten

Die Bewertung der anzusetzenden Kosten ist von der jeweiligen Blickrichtung abhängig. Dabei kommen als Kostenkategorien

- Anschaffungs- oder Herstellungskosten
- Wiederbeschaffungskosten
- feste Verrechnungspreise und
- Opportunitätskosten

in Betracht.

Zu beachten ist, daß bei allen entscheidungsvorbereitenden Rechnungen stets nur erwartete, gegebenenfalls unter Rückgriff auf Vergangenheitsdaten geschätzte Größen von Bedeutung sind. Ist also beispielsweise eine Entscheidung mit Wirkung für die Zukunft zu treffen, so kann nicht auf effektiv angefallene (historische) Istkosten, sondern allein auf die künftig im konkreten Fall voraussichtlich entstehenden (Plan-)Kosten abgestellt werden. Die historischen Istkosten können allenfalls Erfahrungswerte und Ausgangsdaten für Plankosten darstellen, sie können jedoch die zukunftsorientierte Kostenplanung nicht ersetzen.

Für Zwecke der vergangenheitsorientierten (externen) Gewinn- und Verlustrechnung und die *Ermittlung der bilanziellen Herstellungskosten* sind die effektiven aufwandsgleichen Kosten maßgebend. Für eine zukunftsorientierte Kostenkalkulation (*Vorschaurechnung*) oder eine *Erfolgs- bzw. Deckungsbeitragsrechnung* sind dagegen die Kosten grundsätzlich auf Basis der Wiederbeschaffungspreise zu bewerten, da nur auf dieser Basis die Erhaltung der Unternehmenssubstanz erreicht werden kann. Bei *gegebenen und voll ausgelasteten Produktionskapazitäten* reichen auch die Wiederbeschaffungskosten für Entscheidungen über die Zusammensetzung des optimalen Produktionsprogramms oder der Auswahlentscheidung zwischen Eigenerstellung und Fremdbezug nicht mehr aus. In diesen Fällen ist zusätzlich der aufgrund der zu treffenden Entscheidung verdrängte Nutzen (Ergebnisbeitrag) der *nicht* produzierten Güter (Opportunitätskosten) zu berücksichtigen.

Für Zwecke der *Wirtschaftlichkeitskontrolle* müssen, sofern Einkaufspreise von den Kostenstellenverantwortlichen beeinflußt werden können und deshalb keine festen Verrechnungssätze zugrundegelegt werden, die tatsächlichen Istkosten dem Soll/Istvergleich zugrunde gelegt werden. Istkosten haben ferner Bedeutung für eine nachträgliche Kalkulation der Vollkosten (*Nachkalkulation*) oder für eine *nachträgliche kurzfristige Erfolgsrechnung*.

Die nachfolgende Abbildung gibt in Form einer Matrix einen Überblick über die aufgabenspezifischen Anforderungen:

Rechnungsziele / Einflußfaktoren	Kontrolle der Wirtschaftlichkeit	Kalkulation von langfristigen Preisuntergrenzen	Kurzfristige Erfolgsrechnung	Bestimmung von Wertansätzen in Bilanzen
Aufbau der Rechnung	– Kostenstellenrechnung nach Verantwortungsbereichen untergliedert – Ermittlung von Verbrauchsabweichungen mittels Soll/Istvergleich	– Kostenträgerrechnung mit vorgeschalteter Kostenstellenrechnung – unterschiedliche Kalkulationsarten (Divisions-, Zuschlags-, Kuppelkalkulation) je nach Fertigungstiefe und Lagerbildung	– Gesamtbetriebserfolg gemäß Umsatz- oder Gemeinkostenverfahren – Produkterfolg gemäß Deckungsbeitragsrechnung	wie Preiskalkulation
Umfang der anzusetzenden Kosten	durch die Kostenstellen beeinflußbare Kosten	– fixe und variable Kosten – Fixkosten pro Stück nur gemäß Normalbeschäftigung berücksichtigen (Nutzkosten)	– bei Gesamtbetriebserfolg Vollkosten – bei Produkterfolg Grenzkosten	Wahlrecht zwischen Voll- und Teilkosten, soweit aufwandsgleich
Bewertung der Einsatzgüter	feste Verrechnungspreise für die Faktoren, weil Kostenstellen i.d.R. für die Preise nicht verantwortlich sind	– Wiederbeschaffungskosten bei steigenden Preisen zwecks Substanzerhaltung – Ist-Beschaffungspreise bei fallenden Preisen zwecks nomineller Kapitalerhaltung	– bei Kontrolle des Produkt- oder Betriebs-Ergebnisses Wiederbeschaffungskosten – bei Entscheidungsvorbereitung voraussichtlich anfallende Kosten (Prognosekosten)	Istkosten; bei fallenden Preisen Wiederbeschaffungskosten (Niederstwertprinzip)

Abb. 9: Aufgabenspezifische Ausgestaltung der Kostenrechnung

B. Grundbegriffe, spezielle Kostenbegriffe und Kostenrechnungssysteme

I. Grundbegriffe der Kosten- und Leistungsrechnung

1. Die Begriffe „Kosten" und „Leistungen"

Kosten und Leistungen sind die beiden Komponenten des kalkulatorischen Erfolges. Darüber hinaus existiert jedoch keine allgemeingültige Definition, obwohl es sich um zwei zentrale Begriffe der Betriebswirtschaftslehre handelt.

Die wirtschaftlichen Sachverhalte, die mit diesen Begriffen bezeichnet werden sollen, sind nach wie vor umstritten. Der auf Schmalenbach zurückgehende *wertmäßige* Kosten- bzw. Leistungsbegriff wird durch die folgenden spezifischen Merkmale charakterisiert:[8]

- *Mengenmäßiger* Verbrauch (bzw. mengenmäßige Enstehung) von Sachgütern, Dienstleistungen und Forderungsrechten;
- *Sachzielbezogenheit* des Güterverbrauchs (bzw. der Güterentstehung) in bezug auf Art, Menge und zeitliche Verteilung der Produkte, z. B. Erzeugung und Absatz von 1000 Textilmaschinen pro Jahr;
- *Bewertung* des sachzielbezogenen Güterverbrauchs (bzw. der Güterentstehung) mit einer bestimmten Geldeinheit, z. B. DM.

Entscheidendes Begriffsmerkmal des wertmäßigen Kostenbegriffs ist der leistungs- oder sachzielbezogene *Güterverbrauch*, während die Frage der Bewertung (Anschaffungskosten, Wiederbeschaffungspreise, u.ä.) unbestimmt und von der konkreten Fragestellung abhängig ist. Im Gegensatz dazu steht bei dem sog. pagatorischen Kostenbegriff nicht der Güterverbrauch, sondern das für den Güterverbrauch effektiv zu entrichtende *Entgelt* im Vordergrund. Kalkulatorische Kostenkomponenten, die in den wertmäßigen Kostenbegriff eingehen, sind dem pagatorischen Kostenbegriff naturgemäß fremd.

---

8 Vgl. Schweitzer/Küpper, Systeme der Kostenrechnung, S. 28 u. S. 46 f.; Kosiol, Kostenrechnung der Unternehmung, Wiesbaden 1979, S. 21 ff.

2. Unterscheidung zwischen Ausgaben, Aufwand und Kosten

Zur Beschreibung des in Geldeinheiten (z. B. DM) ausgedrückten Werteverzehrs eines Betriebs (Input) werden die Begriffe Ausgaben, Aufwand und Kosten verwendet.

Bei dem Begriff *Ausgabe* handelt es sich um einen Terminus der Finanzrechnung, mit dem die Hingabe von Vermögenswerten im weitesten Sinne umschrieben wird; dazu gehört auch das Eingehen von Verbindlichkeiten. Es wird nicht unterschieden, ob der Ausgabe eine Gegenleistung gegenübersteht oder nicht. Zu den Ausgaben gehören deshalb nicht nur Aus*zahlungen* (Ausgaben i.e.S.) wie z. B. die Barzahlung einer empfangenen Lieferung oder die Überweisung eines Geldbetrags zum Ausgleich einer Verbindlichkeit, sondern auch die Werteabgabe bei Lieferung einer Ware oder Weiterverarbeitung eines Rohstoffs. Demnach umfaßt der Ausgabenbegriff die Auszahlungen (Hingabe von Kassenbeständen oder sofort verfügbaren Bankguthaben) und die sonstigen Werteabgaben der Unternehmung, unabhängig davon, welchem Zweck diese dienen oder wodurch sie veranlaßt wurden.

Ausgaben	
Auszahlungen (Zahlungsmittelabflüsse)	sonstige Werteabgaben

Abb. 10: Bestandteile des Ausgabenbegriffs

Im Gegensatz dazu hat der Begiff *Aufwand* in erster Linie Bedeutung für die (externe) Gewinn- und Verlustrechnung. Ein Aufwand liegt immer dann vor, wenn das betriebliche Vermögen in irgendeiner Weise gemindert wird. So führt beispielsweise die Anschaffung einer Produktionsanlage zwar zu einer Ausgabe durch den sofortigen Abfluß von Zahlungsmitteln (Barauszahlung) oder durch Entstehung einer Verbindlichkeit (Kreditkauf). Da dieser Ausgabe jedoch mit dem Zugang der Maschine eine gleichwertige Gegenleistung gegenübersteht, handelt es sich zunächst *nicht* um einen Aufwand, weil durch diesen Geschäftsvorfall keine Minderung des Gesamtvermögens eingetreten ist. Der Aufwand entsteht (in Form der Abschreibungen) erst durch den Verschleiß nach der Inbetriebnahme der Anlage.

Die Erfolgswirksamkeit des betreffenden Geschäftsvorfalls ist also Voraussetzung für die Entstehung von Aufwand. Während für den

Ausgabenbegriff eine eventuelle Gegenleistung keine Rolle spielt, ist sie für den Aufwandsbegriff das entscheidende Kriterium. Damit unterscheiden sich die Begriffe Ausgabe und Aufwand zum einen durch die periodenbezogene Erfolgswirksamkeit; Aufwendungen sind stets erfolgswirksam, während Ausgaben reine Vermögensumschichtung und damit (zunächst) erfolgsneutral sein können. Daneben gibt es auch Ausgaben, die grundsätzlich nicht zu Aufwand führen, wie z. B. die Hingabe eines Darlehens.

Berücksichtigt man, daß die meisten Vermögensgegenstände durch Zeitablauf an Wert verlieren, so wird anschaulich, daß sich dieser Unterschied auf eine allein zeitliche Dimension reduzieren kann. Im o. g. Beispiel des Kaufs einer Produktionsanlage fällt die Ausgabe in Höhe der Anschaffungskosten sofort, der entsprechende Aufwand jedoch erst in den späteren Perioden der Nutzung an (Ausgabe jetzt, Aufwand später). Würde das gesamte Nutzungspotential der Maschine noch in der selben Periode verbraucht, in der sie angeschafft wurde, läge eine aufwandsgleiche Ausgabe vor. Ist dagegen in der Abrechnungsperiode ein Defekt der Maschine aufgetreten, führt dies zu Aufwand in Form einer Wertminderung oder durch Bildung einer Rückstellung für rückständige (unterlassene) Instandhaltungsarbeiten. Ausgaben entstehen dagegen erst in der Periode, in der die Reparatur tatsächlich durchgeführt wird (Ausgabe später, Aufwand jetzt).

In diesem Sinne können *Aufwendungen* auch als der Periode ihrer wirtschaftlichen Verursachung zugeordnete (periodisierte) Ausgaben interpretiert werden. Aufwendungen erfassen den Werteverzehr einer bestimmten Abrechnungsperiode, der in der Finanz- oder Geschäftsbuchhaltung und am Periodenende in der Gewinn- und Verlustrechnung ausgewiesen wird.

Bei dem Begriff *Kosten* handelt es sich um einen Terminus der Betriebsbuchhaltung, der auschließlich im Rahmen der Kostenrechnung verwendet wird. Kosten werden allgemein definiert als der mit Geldeinheiten bewertete Verbrauch von Gütern und Dienstleistungen für die Erstellung betrieblicher Leistungen. Sie sind also, ebenso wie Aufwendungen, eine Erfolgsgröße. Trotz dieser grundsätzlichen Übereinstimmung dürfen die beiden Begriffe jedoch nicht gleichgesetzt werden.

Wegen der ähnlichen Zielsetzung der (externen) Gewinn- und Verlustrechnung einerseits und der (internen) kurzfristigen Erfolgsrechnung andererseits gibt es einen weiten Überschneidungsbereich von aufwandsgleichen Kosten bzw. kostengleichen Aufwendungen. Auf der anderen Seite kennt die Kostenrechnung Kosten, denen kein Aufwand gegenübersteht (Zusatzkosten), und die Gewinn- und Verlustrechnung kennt Aufwendungen, die keinen Kostencharakter haben (neutrale Aufwendungen).

Zu den *neutralen Aufwendungen* gehören
– betriebsfremde Aufwendungen, die in keiner Beziehung zur betrieblichen Leistungserstellung stehen, also weder durch Produktions-, noch durch Absatztätigkeiten verursacht werden (Beispiele: Spenden für wohltätige Zwecke, Kursverluste einer nicht betriebsnotwendigen Wertpapieranlage);
– außerordentliche Aufwendungen, die zwar betrieblich veranlaßt sind, jedoch ihrer Höhe und/oder ihrer Art nach so selten und ungewöhnlich sind, daß eine Berücksichtigung als Kosten nicht sinnvoll erscheint (Beispiele: Katastrophenschäden, Sanierungsaufwendungen, Aufwendungen für Betriebsschließungen);
– periodenfremde Aufwendungen, die zwar betrieblich veranlaßt sind, aber einer früheren oder späteren Periode wirtschaftlich zuzurechnen sind (Beispiele: Steuernachzahlungen für Vorjahre, Garantieaufwendungen für Vorjahresumsätze, zu hohe Abwertungen oder Verlustrückstellungen).

Die Ausgrenzung der neutralen Aufwendungen beruht auf der Vorstellung, daß als Kosten vernünftigerweise nur der normale, für die Leistungserstellung notwendige Werteverzehr zu berücksichtigen ist, da sonst die Ergebnisse der Kostenrechnung durch Zufallsschwankungen verzerrt würden und als Grundlage für Dispositionen nicht mehr verwendbar wären.

Kosten, denen kein tatsächlicher Aufwand gegenübersteht, werden als *Zusatzkosten* oder kalkulatorische Kosten bezeichnet, da sie eigens für kostenrechnerische Zwecke angesetzt werden. Dadurch soll versucht werden, eine spezifische Besonderheit in der Kostensituation des eigenen Betriebs zu erfassen und dadurch die Daten mit denen anderer Betriebe vergleichbar zu machen. So werden in der Kostenrechnung beispielsweise kalkulatorischer Unternehmerlohn erfaßt, wenn der Eigentümer im Betrieb unentgeltlich mitarbeitet. Kalkulatorische Zinsen werden angesetzt, soweit der Betrieb durch Eigenkapital finanziert ist oder um bei unterschiedlichen Kapitalkosten (z. B. verschiedene Zinssätze für Darlehen, Überziehungs- oder Lieferantenkredit) alle Kostenstellen mit denselben Sätzen zu belasten. Diese Größen führen zwar nicht bzw. nicht in derselben Höhe zu Aufwendungen, doch wird der betriebliche Werteverzehr in dem entgangenen Nutzen gesehen, der bei anderer Verwendung des Eigenkapitals oder der eigenen Arbeitskraft hätte erzielt werden können.

Weitere Unterschiede zwischen Aufwand und Kosten können dadurch entstehen, daß der Aufwand, dessen Erfassung durch tatsächliche Vorgänge festgelegt ist, eine andere Höhe hat, als die für betriebsinterne Zwecke relevanten Kosten. Diese ebenfalls rein kalkulatorischen Kostenkomponenten werden üblicherweise als *Anderskosten* bezeichnet. Hauptanwendungsbeispiel ist die Verrechnung von Abschreibungen auf Basis von Wiederbeschaffungskosten in der Kostenrechnung gegenüber der gesetzlich vorgeschriebenen bilanziellen Abschreibung auf Basis der Anschaffungskosten.

Aufwendungen			
Neutrale Aufwendungen			**Zweckaufwendungen**
betriebsfremder Aufwand	außerordentlicher Aufwand	periodenfremder Aufwand	(Aufwand, der zugleich betriebsbezogen, ordentlich und periodenrichtig ist)
			Grundkosten / **Anderskosten** **Zusatzkosten** / **Kalkulatorische Kosten**
			Kosten

Abb. 11: Abgrenzung zwischen Aufwendungen und Kosten

3. Unterscheidung zwischen Einnahmen, Ertrag und Leistungen

Analog zu der Begriffsabgrenzung im Bereich des betrieblichen Werteverzehrs lassen sich in bezug auf die Werte*entstehung* in einer Unternehmung (Output) die Begriffe Einnahmen, Ertrag und Leistungen unterscheiden.

Bei den *Einnahmen* handelt es sich um das Pendant zu den Ausgaben der Finanzrechnung. Wie bei den Ausgaben wird nicht unterschieden, ob der Einnahme eine eigene Gegenleistung gegenübersteht oder nicht. Sie umschreiben den Zugang von Vermögenswerten im weitesten Sinne. Zu den Einnahmen gehören deshalb nicht nur Einzahlungen (Einnahmen i. e. S.) wie z. B. die Barzahlung einer

Lieferung oder der Eingang einer Forderung, sondern dazu gehört auch die Entstehung von Forderungen. Demnach umfaßt der Einnahmebegriff also die Einzahlungen (Kasseneingänge oder Erhöhungen sofort verfügbarer Bankguthaben) und die sonstigen Wertezugänge der Unternehmung, unabhängig davon, welchem Zweck diese dienen oder wodurch sie veranlaßt wurden. Vernachläßigt man rein finanzwirtschaftliche Geldbewegungen, so repräsentieren die Einnahmen im wesentlichen den Wert der verkauften Produkte und Dienstleistungen.

Einnahmen	
Einzahlungen (Zahlungsmittelzuflüsse)	sonstige Wertezugänge

Abb. 12: Bestandteile des Einnahmenbegriffs

Mit den Begriffen Einnahmen und Ausgaben werden die Veränderungen von Bargeld- und Buchgeldbeständen sowie von Forderungen und Verbindlichkeiten umschrieben. Den Saldo aus diesen Veränderungen (Einnahmen- oder Ausgabenüberschuß) kann man in Anlehnung an den Ursprung der Begriffe als Finanzsaldo bezeichnen. Einen Teil des Finanzsaldos bilden stets die Veränderungen des Bestandes an Zahlungsmitteln (Zahlungssaldo bzw. Einzahlungs- oder Auszahlungsüberschuß).

Im Gegensatz zu dem finanzwirtschaftlichen Begriff Einnahme hat der Begiff *Ertrag* in erster Linie Bedeutung für die (externe) Gewinn- und Verlustrechnung. Als Ertrag bezeichnet man den innerhalb einer bestimmten Rechnungsperiode erzielten Vermögenszuwachs durch Erstellung von Gütern und Dienstleistungen. Dazu gehört auch der Wert (angesetzt mit den effektiven Herstellungskosten) der nicht zum Verkauf, sondern zur Nutzung innerhalb der Unternehmung bestimmten selbsterstellten Anlagen. Ein Ertrag liegt also immer dann vor, wenn das betriebliche Vermögen in irgendeiner Weise vermehrt wird. Wie bei dem korrespondierenden Begriff Aufwendungen ist der Begriff streng periodenbezogen.

Zwischen den Begriffen Einnahme und Ertrag können ähnlich wie zwischen den Begriffen Ausgabe und Aufwand sachliche und zeitliche Unterschiede bestehen. Bei den Einnahmen handelt es sich zum einen um rein finanzwirtschaftliche Vorgänge, die entweder grundsätzlich nicht (z. B. Rückzahlung eines hingegebenen Darlehens) oder die nicht zwingend zum Zeitpunkt der Einnahme (z. B. erhaltene Kundenanzahlung) erfolgswirksam sind. Im Gegensatz dazu sind Erträge stets erfolgswirksam.

Zum anderen ergibt sich häufig ein zeitlicher Unterschied dadurch, daß die ertragswirksame Güterentstehung (Herstellung) sich nicht in derselben Periode vollzieht, wie der einnahmewirksame Güterabgang durch Veräußerung. Dies ist immer dann der Fall, wenn Lagerbestandsveränderungen in der Zeit zwischen der Verarbeitung von Produktionsfaktoren und dem Absatz der betrieblichen Leistungen stattfinden. Im Falle einer Bestandserhöhung sind die Erträge der Periode höher als die Einnahmen, da die Einnahmen als Gegenwert für den Absatz von Gütern in einer späteren Periode erfolgen. Bei einer Bestandsverminderung sind dagegen die Erträge niedriger als die Einnahmen der Periode, weil die Absatzmenge die Produktionsmenge übersteigt. Daraus folgt, daß bei nicht lagerfähigen Gütern und Dienstleistungen Erträge und Einnahmen notwendigerweise zeitlich zusammenfallen.

Leistungen sind das Ergebnis der betrieblichen Tätigkeit. In der Kostenrechnung werden die betrieblichen Leistungen auch als Kostenträger bezeichnet. Sie umfassen *ausschließlich* die in Erfüllung des Betriebszwecks hergestellten Güter und Dienstleistungen und unterscheiden sich demnach von den Erträgen durch die *Nichteinbeziehung der neutralen Erträge.* Dabei handelt es sich um

- betriebsfremde Erträge, z. B. Kursgewinne aus nicht zum Betriebsvermögen gehörenden Wertpapieren, Währungsgewinne, Lotteriegewinne;
- außerordentliche Erträge, die ungewöhnlich und im Rahmen der üblichen betrieblichen Tätigkeit nicht zu erwarten sind, z. B. Sanierungszuschüsse, Versicherungsentschädigungen wegen Brand oder Betriebsunterbrechung;
- periodenfremde Erträge, die zwar durch die betriebliche Leistung entstehen, die jedoch nicht in der laufenden Periode verursacht wurden, z. B. Steuererstattungen für Vorjahre, Erträge aus Anlageverkäufen, Zahlungseingänge auf abgeschriebene Forderungen, Auflösung nicht verbrauchter Rückstellungen, u. ä.

Eine weitere Diskrepanz zwischen Leistungen und Erträgen entsteht dadurch, daß abweichend von den historischen Preisen für Zwecke der internen Erfolgsrechnung Umbewertungen der Leistungen durch Ansatz kalkulatorischer Werte vorgenommen werden. So können beispielsweise die aktivierten Eigenleistungen anders als in der externen Gewinn- und Verlustrechnung statt mit den effektiven (bilanziellen) Herstellungskosten mit kalkulatorischen Herstellkosten angesetzt werden.

Erträge			
Neutraler Ertrag			Zweckerträge
Betriebs-fremder Ertrag	außeror-dentlicher Ertrag	perioden-fremder Ertrag	(Ertrag der zugleich betriebsbezogen, ordentlich und periodenrichtig ist)

Grund-leistungen	Andersleistungen	Zusatzleistungen
	Kalkulatorische Leistungen	
Leistungen		

Abb. 13: Abgrenzung zwischen Erträgen und Leistungen

Die Differenz zwischen Leistungen und Kosten bestimmt den betrieblichen Erfolg einer Produktart, Sparte oder Periode (Betriebsergebnis), während in der Finanz- bzw. Geschäftsbuchhaltung die Erträge und Aufwendungen einander gegenübergestellt werden, um den Globalerfolg (Gewinn oder Verlust) während einer Abrechnungsperiode zu ermitteln.

II. Spezielle Kostenbegriffe und Kostenkategorien

1. Variable und fixe Kosten in bezug auf die Beschäftigung

Nach der Abhängigkeit von bestimmten Kosteneinflußgrößen unterscheidet man zwischen *fixen* und *variablen* Kosten. Da ein und dieselbe Kostenart fixen oder variablen Charakter haben kann, je nachdem, auf welche Bezugsgröße man sie bezieht, ist es zur Vermeidung von Mißverständnissen erforderlich, die betrachtete Einflußgröße jeweils anzugeben. Wird in der Kostenrechnung von fixen und variablen Kosten ohne irgendeinen weiteren Hinweis auf die Bezugsgröße gesprochen, so bezieht man sie auf die Beschäftigung. Besser wäre, in diesem Fall von beschäftigungsfixen bzw. beschäftigungsvariablen Kosten zu sprechen. Die Unterscheidung ist vor allem für die Ermittlung von Kostenfunktionen und die Kostenplanung von Bedeutung.

Unter dem Begriff Beschäftigung wird die Ausnutzung bzw. der Grad der Auslastung der Kapazität von Betriebsteilen oder des Gesamtbetriebs verstanden. Geht z. B. in einem Produktionsbetrieb die Beschäftigung zurück, so bedeutet dies, daß dort weniger produziert wird; die Zahl der Beschäftigten und die vorhandene Produktionskapazität werden dadurch aber (zunächst) nicht berührt. Als Maßstab für die Beschäftigung gilt der Beschäftigungsgrad, der nach folgender Formel berechnet wird:

$$\text{Beschäftigungsgrad in \%} = \frac{\text{Ausgenutzte Kapazität}}{\text{vorhandene Kapazität}} \times 100$$

(Beschäftigungs)Fixe Kosten sind Kosten der Vorhaltung einer bestimmten Kapazität (Betriebsbereitschaft), die entstehen, damit überhaupt produziert werden kann. Sie heißen fix, weil sie sich unabhängig von der Produkt-Ausbringungsmenge innerhalb des Zeitraumes, für den die Kapazität vorgehalten wird, nicht verändern. Sie werden deshalb auch zeitabhängige Kosten oder Bereitschaftskosten genannt. Daß in einem genügend langen Zeitraum auch solche Kosten abgebaut werden können, ändert nichts an ihrem Charakter; sie werden dadurch insbesondere nicht zu „variablen" Kosten, denn „im Zeitablauf abbaubar" heißt noch nicht „beschäftigungsabhängig".

Nach dem Verlauf werden Bereitschaftskosten in absolut fixe Kosten und sprung- oder intervallfixe Kosten unterschieden. *Absolut fixe Kosten* bleiben auf einem bestimmten Niveau konstant, selbst wenn nichts produziert, die Betriebsbereitschaft aber unverändert aufrechterhalten wird, z. B. Miete für das Verwaltungsgebäude, die bei einem Beschäftigungsgrad von 10% in derselben Höhe anfällt wie bei voller Auslastung.

Im Gegensatz dazu sind *sprungfixe Kosten* nur innerhalb gewisser Grenzen von der Ausbringungsmenge unabhängig. Bei Überschreiten dieser Grenzen steigen sie sprunghaft an, um dann wieder für ein bestimmtes Ausbringungsintervall auf höherem Niveau fix zu bleiben, z. B. bei Einstellung eines zusätzlichen Meisters oder Facharbeiters.

Variable Kosten sind dagegen Kosten, die sich bei Beschäftigungsschwankungen automatisch verändern. Sie sind unmittelbar leistungsabhängig und werden daher auch als Leistungskosten oder mengenabhängige Kosten bezeichnet. Die wichtigsten Beispiele sind Kosten für Vorprodukte oder Rohstoffe (Fertigungsmaterial), lei-

K = Kosten; X = Ausbringungsmenge

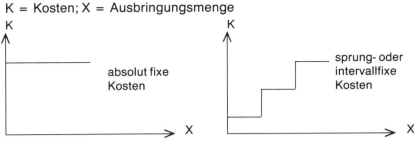

Abb. 14: Absolut fixe und sprungfixe Kosten

stungsabhängiger Energieverbrauch oder stückzahlabhängige Provisionen.

In bezug auf ihren Verlauf in Abhängigkeit von Beschäftigungsänderungen lassen sich proportionale, degressive, progressive und regressive Kostenverläufe unterscheiden.

K = Kosten; X = Beschäftigung

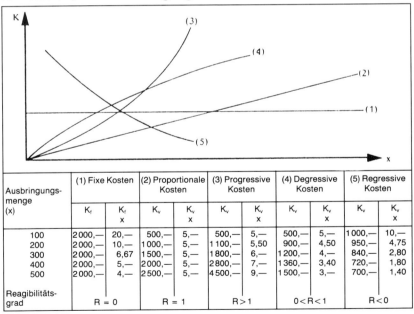

Ausbringungs-menge (x)	(1) Fixe Kosten		(2) Proportionale Kosten		(3) Progressive Kosten		(4) Degressive Kosten		(5) Regressive Kosten	
	K_f	$\frac{K_f}{x}$	K_v	$\frac{K_v}{x}$	K_v	$\frac{K_v}{x}$	K_v	$\frac{K_v}{x}$	K_v	$\frac{K_v}{x}$
100	2 000,—	20,—	500,—	5,—	500,—	5,—	500,—	5,—	1 000,—	10,—
200	2 000,—	10,—	1 000,—	5,—	1 100,—	5,50	900,—	4,50	950,—	4,75
300	2 000,—	6,67	1 500,—	5,—	1 800,—	6,—	1 200,—	4,—	840,—	2,80
400	2 000,—	5,—	2 000,—	5,—	2 800,—	7,—	1 360,—	3,40	720,—	1,80
500	2 000,—	4,—	2 500,—	5,—	4 500,—	9,—	1 500,—	3,—	700,—	1,40
Reagibilitäts-grad	R = 0		R = 1		R > 1		0 < R < 1		R < 0	

Abb. 15: Kostenverläufe in Abhängigkeit von der Beschäftigung
[Quelle: Schierenbeck, Grundzüge der Betriebswirtschaftslehre]

Ausschlaggebend für den Kostenverlauf ist der sogenannte Reagibilitätsgrad der Kosten (R), der wie folgt definiert ist:

$$R = \frac{\text{Kostenänderung in \%}}{\text{Beschäftigungsänderung in \%}}$$

Bei einem *proportionalen Verlauf* führt jede relative Beschäftigungsänderung zur gleichen relativen Änderung der Kostenhöhe. Steigt z. B. die Ausbringung um 10%, so steigen die proportionalen Kosten ebenfalls um genau 10%. Rechnerisch gilt bei den proportionalen Kosten, daß R = 1 ist. In der graphischen Darstellung geht die Kostenkurve durch den Nullpunkt und verläuft linear.

Bei *degressiven Kosten* führt eine relative Beschäftigungsänderung zu einer geringeren relativen Kostenänderung. Die Kosten steigen also langsamer als die Ausbringung und werden deshalb auch unterproportionale Kosten genannt. Der Reagibilitätsgrad liegt in diesem Fall zwischen den Werten 0 und 1. Ein degressiver Verlauf entsteht z. B., wenn Einkaufspreise für Rohmaterial infolge eines Mengenrabatts bei größeren Abnahmemengen pro Stück sinken, so daß die Materialgesamtkosten bei wachsender Menge immer langsamer ansteigen.

Progressive Kosten verändern sich überproportional mit Änderungen der Beschäftigung; sie steigen oder fallen schneller als diese. Der Reagibilitätsgrad ist größer als Eins. Ein progressiver Verlauf der variablen Kosten kann sich beispielsweise durch eine übermäßige Beanspruchung von Maschinen ergeben, wodurch Energiekosten oder der Werkzeugverschleiß überproportional ansteigen können.

Bei einem *regressiven Kostenverlauf* führt jede relative Beschäftigungsänderung zu einer entgegengesetzten relativen Kostenänderung; bei rückläufiger Beschäftigung steigen die Kosten und umgekehrt. Der Reagibilitätsgrad ist daher in diesem Fall negativ. Der Verlauf der Regression kann dabei linear, unter- oder überproportional sein.

2. Einzel- und Gemeinkosten in bezug auf die Zurechenbarkeit

Grundprinzip der Kostenträgerrechnung ist es, den Produkten als Kostenträgern die Kosten nach dem Verursachungsprinzip zuzurechnen. Nach der Art und Weise der Verrechenbarkeit unterscheidet man dabei zwischen Kosten, die den Kalkulationsobjekten — ohne

Kostenstellen zu durchlaufen — direkt zugeordnet werden können (Einzelkosten), und solchen, die nur mit Hilfe von Schlüsselgrößen verrechenbar sind (Gemeinkosten).

Von Einzelkosten spricht man dabei unter Vernachlässigung des Bewertungsproblems bereits, wenn ein für den Kostenträger eindeutig meßbarer leistungsbezogener Güterverzehr (Einzel*verbrauch*) irgendwie in Geld ausgedrückt werden kann. Typische Einzelkostenarten sind Materialkosten und Fertigungslöhne. Diese können über Stücklisten oder Zeitaufschreibungen für einzelne Produkte bzw. Aufträge genau erfaßt und zugeordnet werden. Hinzu kommen die Sondereinzelkosten der Fertigung (z. B. auftragsspezifische Werkzeuge, Konstruktionsmodelle) und die Sondereinzelkosten des Vertriebs (z. B. Versandverpackung, Ausgangsfrachten), die einzelnen, aus einer Vielzahl gleichartiger Erzeugnisse bestehenden Aufträgen zugerechnet werden können.

Gemeinkosten betreffen dagegen eine Gesamtheit von Aufträgen, mehrere Kostenstellen oder den Gesamtbetrieb und sind deshalb nicht unmittelbar, sondern nur indirekt einem einzelnen Erzeugnis oder einzelnen Auftrag zurechenbar. Beispiele für Gemeinkosten sind die Raum- und Verwaltungskosten, Gehälter der Geschäftsführung, Abschreibungen, Steuern etc.

Bei den Gemeinkosten ist das Verursachungsprinzip (im Gegensatz zu den Einzelkosten) nur schwer oder überhaupt nicht als Verteilungsprinzip anwendbar. Daher erfolgt die Verrechnung auf die betrieblichen Leistungen mehr oder weniger willkürlich mit Hilfe besonderer Schlüsselgrößen. Die Vollkostenrechnung ist als Entscheidungsgrundlage wenig geeignet und nur erforderlich, wenn man aus anderen Gründen (z. B. Nachkalkulation) eine Erfassung der vollen Kosten anstrebt.

Von den Gemeinkosten zu unterscheiden sind solche Kosten, die zwar den Leistungen grundsätzlich direkt zurechenbar sind, wie z. B. der Verbrauch von geringwertigen Materialien oder Hilfsstoffen (Farbe, Nägel, Knöpfe, usw.), die jedoch aus Gründen der abrechnungstechnischen Vereinfachung wie Gemeinkosten behandelt werden. Sie werden üblicherweise nur z. B. als Gesamtsumme pro Monat erfaßt und deshalb häufig als *unechte Gemeinkosten* bezeichnet. Im Grunde handelt es sich jedoch um Einzelkosten.

In neueren Systemen der Kosten- und Leistungsrechnung beschränkt man die Begriffe Einzel- und Gemeinkosten nicht mehr nur auf die Kostenträger, sondern wendet sie auch auf andere Kalkulationsobjekte, z. B. Kostenstellen an. Dementsprechend wird in der Praxis in Abhängigkeit von dem jeweiligen Kalkulationsobjekt als Bezugsgröße zwischen den Kostenträgereinzel- oder -gemeinkosten und den Kostenstelleneinzel- oder -gemeinkosten differenziert. Beispielweise hat das Gehalt des Meisters als dem Kostenstellenverantwortlichen den Charakter von Kostenstelleneinzelkosten; gleichzeitig handelt es sich um Kostenträgergemeinkosten.

Je nach Bezugsgröße ergibt sich also eine Relativierung der Begriffe, d. h. einem bestimmten Kalkulationsobjekt nicht zurechenbare Gemeinkosten können durchaus einer übergeordneten Gesamtheit von Kalkulationsobjekten gemeinsam als Einzelkosten zurechenbar sein. Dadurch ergibt sich ein für die Vorbereitung und Kontrolle von Entscheidungen sehr hilfreiches Instrument der Kostengruppierung.

Wichtig ist dabei eine saubere Trennung zwischen den Einzel- bzw. Gemeinkosten einerseits und den beschäftigungsvariablen bzw. -fixen Kosten andererseits. Fixe Kosten sind immer auch Gemeinkosten je Leistungseinheit; in umgekehrter Richtung gilt dieser Grundsatz jedoch nicht, da variable Kosten sowohl Einzelkosten- als auch Gemeinkostencharakter haben können und deshalb Gemeinkosten nicht mit Fixkosten gleichgesetzt werden dürfen. Lediglich in dem Sonderfall eines Einproduktbetriebs mit Massenfertigung (z. B. Mineralwasserabfüllung) ergibt sich eine weitgehende inhaltliche Übereinstimmung der Begriffe.

Zurechenbarkeit auf Produkteinheit	Einzelkosten	Unechte Gemeinkosten	Gemeinkosten	
				Echte Gemeinkosten
Veränderlichkeit bei Beschäftigungsänderungen		Variable Kosten		Fixe Kosten
Beispiele	Kosten für Werkstoffe (außer bei Kuppelprozessen) Verpackungskosten Provision	Kosten für Hilfsstoffe Kosten für Energie und Betriebsstoffe bei Leontief-Produktionsfunktionen	Kosten des Kuppelprozesses Kosten für Energie und Betriebsstoffe bei mehrdimensionalen Kostenfunktionen	Kosten der Produktart und Produktgruppe Kosten der Fertigungsvorbereitung und Betriebsleitung Abschreibungen (Lohnkosten)

Abb. 16: Abgrenzung zentraler Kostenkategorien
[Quelle: Schierenbeck, Grundzüge der Betriebswirtschaftslehre]

3. Ist-, Normal- und Plankosten im Hinblick auf den Zeitbezug

Nach dem Zeitbezug der Kostengrößen lassen sich Ist-, Normal- und Plankosten unterscheiden. Die Unterscheidung dient vor allem der Systematisierung von Kostenrechnungssystemen, die dementsprechend als Istkostenrechnung, Normalkostenrechnung oder Plankostenrechnung bezeichnet werden.

Istkosten sind Kosten, die für einen Kostenträger oder in einer Periode effektiv angefallen sind. Sie sind eine vergangenheitsbezogene Größe und werden erfaßt, nachdem der leistungsbezogene Güterverbrauch stattgefunden hat. Dies hat den Nachteil, daß sämtliche zufälligen Schwankungen der Verbrauchsmengen oder Preise sich voll auf die Ergebnisse der Istkostenrechnung auswirken. Vorteil der Istkostenrechnung ist die relativ problemlose Erfaßbarkeit der tatsächlichen Kosten. Dabei ist jedoch zu berücksichtigen, daß sich nicht alle Kostenarten als Istkosten ermitteln lassen. So handelt es sich beispielsweise bei den Anschaffungskosten für Produktionsanlagen um Istkosten während der gesamten Nutzungsdauer. Der mengenmäßige Verbrauch dieser Investition ist jedoch nicht eindeutig meßbar und muß deshalb im Wege der Verrechnung von Abschreibungen den einzelnen Nutzungsperioden oder Kostenträgern zugerechnet werden. Hierzu ist ein Abschreibungsplan erforderlich. Durch den Plancharakter der Bezugsgröße handelt es sich bei Abschreibungen somit nicht um echte Istkosten, auch wenn der effektive Anschaffungspreis in die Berechnung eingeht.

Ziel einer Istkostenrechnung ist die verursachungsgerechte Zurechnung der angefallenen Kosten auf die Kostenträger. Es soll ermittelt werden, wieviel das einzelne Erzeugnis tatsächlich gekostet hat. Diese nach der Erstellung der Leistung durchgeführte Rechnung bezeichnet man als Nachkalkulation. Sie wird häufig als Instrument der Kostenkontrolle verwendet. Eine wirksame Kontrolle der Wirtschaftlichkeit ist dadurch jedoch nur möglich, wenn nicht nur Vorjahresvergleichszahlen, sondern aussagefähige Sollvorgaben zur Verfügung stehen.

Normal- oder Standardkosten werden aus den Istkosten vergangener Perioden ermittelt. Es handelt sich um z. B. aus früheren Aufzeichnungen gewonnene Durchschnittswerte für den mengenmäßigen Verbrauch und/oder die Preiskomponente. Dadurch werden die bei einer Istkostenrechnung möglicherweise auftretenden Zufallsschwankungen geglättet. Die Standardisierung der Kosten muß dabei nicht notwendigerweise sämtliche Kostenelemente berücksichtigen, sondern kann sich z. B. auf die Verwendung von festen Verrechnungspreisen für die Materialkosten, feste Lohnsätze oder feste Verrechnungspreise für innerbetriebliche Leistungen beschränken.

Durch die Verwendung von Normalkosten anstelle von Istkosten wird die Weiterverrechnung auf nachgeordnete Kalkulationsobjekte beschleunigt und vereinfacht, da nicht jeweils abgewartet werden muß, bis sämtliche Kosten bekannt sind oder die Verrechnungssätze aufgrund neuer Istwerte neu gebildet wurden. Weiterhin eröffnet die Normalkostenrechnung im Gegensatz zur Istkostenrechnung die Möglichkeit einer gewissen Kostenkontrolle, indem aufgetretene Über- oder Unterdeckungen aus der Kostenverrechnung als Differenz zwischen Normal- und Istkosten ermittelt werden können. Da es sich um Vergangenheitswerte und nicht um theoretisch-analytische Sollvorgaben handelt, haben Normalkosten als Maßstab für die Wirtschaftlichkeit jedoch im Grunde dieselben Schwächen wie die Istkosten.

Plankosten sind im Unterschied zu Ist- und Normalkosten nicht vergangenheits-, sondern zukunftsbezogen. Es handelt sich um erwartete oder angestrebte *methodisch bestimmte Kosten*, die ermittelt werden, bevor der leistungsbezogene Güterverbrauch eintritt. Die Festlegung der Vorgabewerte erfolgt aufgrund analytischer Verfahren, z. B. mittels Verbrauchs- und Zeitstudien, Konstruktionsplänen sowie Berechnungen und Erfahrungswerten. Dabei müssen sowohl das Mengen- und Zeitgerüst als auch die Planpreise im voraus bestimmt werden. Stehen bei der Analyse die erwarteten kostenmäßigen Konsequenzen geplanter Maßnahmen im Vordergrund, spricht man besser von *Prognosekosten*.

Die so ermittelten Plankosten stellen eine Sollvorgabe dar, die aus Wirtschaftlichkeitsgründen möglichst eingehalten oder unterschritten werden soll. Durch Gegenüberstellung dieser Sollgrößen zu den tatsächlich angefallenen Ist-Kosten (Soll-Ist-Vergleich) und Analyse der aufgetretenen Abweichungen (Abweichungsanalyse) wird die Kontrolle der Wirtschaftlichkeit ermöglicht. Die Plankostenrechnung schließt also jeweils die Istkostenrechnung ein.

4. Relevante und irrelevante Kosten in bezug auf die Entscheidungssituation

In der entscheidungsorientierten Kostenrechnung differenziert man zwischen relevanten und irrelevanten Kosten, da für die Lösung eines bestimmten Problems Kosten von entscheidender Bedeutung sein können, die für eine andere Fragestellung überhaupt nicht relevant sind.

Als *relevant* bezeichnet man solche Kosten, die beeinflußbar sind und von der zu treffenden Entscheidung tatsächlich berührt werden. Entscheidend ist, daß sie ausschließlich durch die beabsichtigte Maßnahme verursacht werden bzw. darauf zurückzuführen sind. Im Gegensatz dazu werden Werteverzehre, die von der betrachteten Handlungsmöglichkeit unabhängig sind und daher in der Entscheidungsrechnung nicht berücksichtigt werden dürfen, als *irrelevante Kosten* bezeichnet.

Relevante Kosten sind stets entscheidungsabhängig, das heißt, es hängt jeweils von der konkreten Entscheidungssituation und Zielsetzung, der Dauer des Beurteilungszeitraumes und eventuellen Restriktionen ab, welche Kostenkomponenten als relevant anzusehen sind. Da Entscheidungen immer mit Wirkung für die Zukunft getroffen werden, müssen relevante Kosten stets Plankosten sein, während in der Vergangenheit bereits angefallene, nicht mehr beeinflußbare Kosten für die Entscheidung stets irrelevant sind. Beispielsweise sind die in Vorratsbeständen von eigenen Erzeugnissen enthaltenen Materialkosten nicht von Bedeutung, wenn es darum geht, schwer verkäufliche 'Ladenhüter' möglichst günstig zu verwerten. Entscheidungsrelevant ist hierfür allein, welche Kosten die verschiedenen Verwertungsalternativen verursachen und welchen Nutzen (Erlös) sie erbringen werden.

Kosten und Erlöse, die für alle Alternativen gleichermaßen auftreten, in denen sich die Handlungsalternativen also nicht unterscheiden, sind ebenfalls nicht relevant. Beispielsweise sind Lagerkosteneinsparungen für die Handlungsalternative „Ausverkauf" oder „Verschrottung" ohne Bedeutung, da sie sich in beiden Fällen ergeben. Sie werden erst dann relevant, wenn zwischen „Verschrottung" und „Nicht-Verschrottung" zu wählen ist.

Bei der Beurteilung der relevanten Kosten muß unterschieden werden, ob es sich um Entscheidungen bei frei verfügbaren Produktionskapazitäten (z. B. infolge Unterbeschäftigung des Betriebs) handelt, oder ob Produktionsfaktoren nicht beliebig zur Verfügung stehen, etwa weil an einer oder mehreren Stellen im Betrieb Engpässe (geschlossene Kapazitäten) bestehen. Die Unterscheidung ist notwendig, weil es sich hier um unterschiedliche Entscheidungssituationen mit Bedeutung für das Entscheidungsergebnis handelt.

Bei *freien Kapazitäten* ist nur darüber zu entscheiden, ob ein Einsatz der Produktionsfaktoren stattfinden soll oder nicht, ob also beispielsweise zu einem bestimmten Verkaufspreis ein neuer Auftrag angenommen wird oder nicht. Bei *geschlossenen Kapazitäten* muß dagegen nicht entschieden werden, *ob* die knappen Produktionsfaktoren eingesetzt werden, sondern *wie* sie verwendet werden sollen, um den höchsten Nutzen für die Unternehmung zu stiften. Es muß also eine Auswahl aus mehreren miteinander konkurrierenden Alternativen erfolgen.

In dieser Situation reicht die Kenntnis der Kosten der einzelnen Alternativen für die Lösung dieses Auswahlproblems nicht mehr aus. Bei Entscheidungsproblemen in Engpaßsituationen muß vielmehr zusätzlich auch der „entgehende Nutzen" berücksichtigt werden. Dazu ist die Kenntnis der entscheidungsrelevanten Kosten und Erlöse der einzelnen Handlungsalternativen Voraussetzung.

Das Problem des entgangenen Nutzens tritt immer dann auf, wenn Produktionsfaktoren im Verhältnis zum Bedarf in zu geringer Menge zur Verfügung stehen. Der Verbrauch bzw. die Inanspruchnahme eines knappen Produktionsfaktors für eine Alternative bedeutet dann zwangsläufig, daß dieser Faktor für andere Zwecke nicht mehr zur Verfügung steht. Da nicht alle günstigen Verwendungsmöglichkeiten zugleich verwirklicht werden können, kann ein daraus resultierender Ertrag nicht realisiert werden. Typisch für eine Entscheidungssituation dieser Art in einem Betrieb, in dem Kapazitätsengpässe vorhanden sind, ist das Problem der optimalen Zusammensetzung des Produktionsprogramms oder die Frage, welche einmaligen Zusatzaufträge angenommen werden sollen.

Diese Entscheidungssituation versucht man allgemein mit dem Begriff *Opportunitätskosten* zu lösen. Opportunitätskosten sind definiert als der entgehende Nutzen, den man in der besten der nicht mehr realisierbaren Handlungsalternativen hätte erzielen können. Dahinter steckt eine sehr einfache und auf andere Sachverhalte leicht übertragbare Grundidee: Ein Unternehmer, der seine verfügbaren finanziellen Mittel im Betrieb investiert, kann diese Mittel nicht zugleich verzinslich anlegen oder für Konsumzwecke verwenden. Er wird also die Alternative „Investition im Betrieb" nur dann wählen, wenn sie ihm mindestens denselben Nutzen erbringt, wie z. B. die Verwendung der Mittel als Wertpapieranlage. Ist dies nach seiner individuellen Einschätzung die beste Alternative zur geplanten Investition, so wird er dementsprechend den entgehenden Zinsertrag als einen Ausdruck für die Kosten des im Betrieb investierten Eigenkapitals ansehen. Da sie als Maßstab für die Beurteilung der Vorteilhaftigkeit der betrieblichen Investition dienen, handelt es sich um Opportunitätskosten.

Dieselben Überlegungen lassen sich auch in bezug auf die Verwertung der eingesetzten Arbeitskraft anstellen.

Opportunitätskosten werden wegen ihrer Abhängigkeit von der jeweiligen Entscheidungssituation nicht gesondert erfaßt. Ihre Ermittlung erfolgt vielmehr im Rahmen der entscheidungsvorbereitenden Berechnungen jeweils im Einzelfall. Meist läßt sich der Nutzenentgang dabei als der der Verzichtsalternative zurechenbare Gewinn ermitteln; häufig besteht der Nutzenentgang aber auch in einer (durch Verzicht auf die Alternative) nicht erzielbaren Kosteneinsparung. Dabei ist allerdings zu berücksichtigen, daß Opportunitätskostenbetrachtungen nur die finanzielle Seite einer Entscheidungssituation berücksichtigen. Im konkreten Einzelfall können aber durchaus auch individuell höher eingestufte nichtfinanzielle Ziele (z. B. Macht, Prestige, gesellschaftlicher Einfluß oder soziale Aspekte) zu berücksichtigen sein.

Folgende Übersicht soll die Kostenkategorien darstellen, die bei Entscheidungsproblemen relevant sein können:

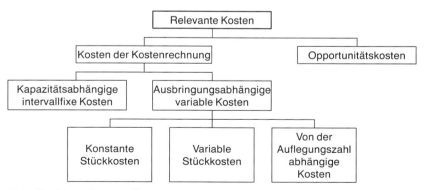

Abb. 17: Arten relevanter Kosten
[Quelle: Kilger, Flexible Plankostenrechnung]

III. Kostenrechnungssysteme

1. Überblick

Für die Durchführung der Kosten- und Leistungsrechnung gibt es unterschiedliche Verfahren und Systeme. Dies ist zum einen auf die historische Entwicklung zurückzuführen. Zum anderen ist es aber auch eine Folge der Pluralität der Rechnungszwecke, da unterschiedliche Fragestellungen sich nicht immer mit ein und demselben Kostenrechnungsinstrument beantworten lassen. Die verschiedenen Kostenrechnungsverfahren und -systeme werden üblicherweise nach dem Zeitbezug der verrechneten Kosten (vergangenheits- oder zukunftsbezogen) und nach dem Umfang der in die Betrachtung einbezogenen Kosten (Voll- oder Teilkostenrechnungssysteme) klassifiziert. Zur Charakterisierung eines Kostenrechnungssystems ist also zumindest eine Kombination dieser beiden Kriterien erforderlich. Dies führt zu einer Einteilung in folgende Grundsysteme:

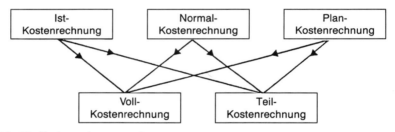

Abb. 18: Kostenrechnungssysteme
[Quelle: Haberstock, Grundzüge der Kosten- und Erfolgsrechnung]

Die Verfahren der Ist-, Normal- und Plankostenrechnung können also jeweils sowohl als Vollkostenrechnung als auch als Teilkostenrechnung aufgebaut sein.

2. Voll- und Teilkostenrechnungssysteme im Vergleich

Bei Vollkostenrechnungssystemen werden den einzelnen Kostenträgern sämtliche angefallenen Kosten zugeordnet. Vollkostenrechnungen beschränken sich also nicht darauf, den Kostenträgern nur die Kosten zuzurechnen, die diese durch ihre Herstellung direkt verursacht haben. Vielmehr wird den Kostenträgern auch ein Anteil an den Kosten zugeordnet, die nicht direkt zurechenbar sind.

48

Im Gegensatz dazu spricht man von einer Teilkostenrechnung, wenn nur bestimmte Teile der insgesamt angefallenen Kosten auf die einzelnen Kostenträger verrechnet werden. Dies bedeutet jedoch nicht, daß die übrigen Kostenbestandteile einfach vernachlässigt werden und die Teilkostenrechnung insoweit etwa unvollständig wäre. Die nicht verrechneten Kosten werden vielmehr lediglich auf andere Weise in das Betriebsergebnis übernommen.

Vollkosten werden meist progressiv kalkuliert, während Teilkostenkalkulationen i.d.R. retrograd erfolgen. Bei retrograder Kalkulation wird ausgehend vom Bruttoerlös durch Abzug der variablen Kosten die Deckungsspanne des Produkts oder der Produktart ermittelt. Umgekehrt wird bei progressiver Kalkulation vorgegangen, indem zunächst die variablen Einzelkosten ermittelt werden. Diese dienen als Bezugsbasis für differenzierte Gemeinkostenzuschläge zur Ermittlung der Herstell- und der Selbstkosten je Produkt oder Produktart.

Progressive Kalkulation	Retrograde Kalkulation
Materialkosten pro ME + Fertigungskosten pro ME	Bruttoerlös pro ME − Erlösschmälerungen pro ME
= Herstellkosten pro ME + Verwaltungskosten pro ME	= Nettoerlös pro ME − variable (Einzel-)kosten pro ME
= bilanzielle Herstellungskosten pro ME + Vertriebskosten pro ME	= Deckungsspanne
= Selbstkosten pro ME	

Abb. 19: Schema für progressive Vollkosten- und retrograde Teilkostenkalkulation [Quelle: Schierenbeck, Grundzüge der Betriebswirtschaftslehre]

Die Vollkostenrechnung als die historisch ältere Form wurde primär zum Zweck der Kalkulation von Selbstkostenpreisen entwickelt. Ihr kommt vor allem in planwirtschaftlichen Wirtschaftssystemen große Bedeutung zu, in denen zwingende Vorschriften für das Kalkulieren von Selbstkostenpreisen auf Vollkostenbasis bestehen. Sie ist aber auch in der Bundesrepublik in der Praxis noch weit verbreitet, obwohl sich der Staat im System der sozialen Marktwirtschaft darauf beschränkt, mit den LSP bzw. den VPöA lediglich Vorschriften für das Kalkulieren öffentlicher Aufträge zu erlassen. Der Grund für die nach wie vor weite Verbreitung ist vor allem auch darin zu sehen, daß der Übergang von der Vollkostenrechnung auf ein System der Teilkostenrechnung erhebliches Umdenken und entsprechend in betriebswirtschaftlichem Denken geschultes Personal voraussetzt.

Die herkömmliche Vollkostenrechnung stellt ein progressives Abrechnungssystem dar, da sie alle angefallenen Kosten vom Ausgangspunkt der Kostenartenrechnung an fortschreitend in mehreren Abrechnungsschritten über die Kostenstellenrechnung und anschließend im Rahmen der Kostenträgerrechnung auf die Leistungseinheiten des Betriebs „weiterwälzt". Aufgrund dessen wird sie auch häufig als Kostenüberwälzungsrechnung bezeichnet, bei der die für Zwecke einer Nachkalkulation interessierende Frage nach der Höhe der tatsächlichen Stückkosten in der Abrechnungsperiode im Vordergrund der Betrachtung steht.

Weil sie auch die von der Ausbringungsmenge nicht beeinflußten Fixkosten auf die Leistungen verrechnet, ist die Vollkostenrechnung häufig dem Einwand ausgesetzt, dem Verursachungsprinzip nicht gerecht zu werden. Dieser Verstoß gegen das Verursachungsprinzip kann zu unternehmerischen Fehlentscheidungen führen, wenn die vollen Selbstkosten pro Stück als Entscheidungsgrundlage für die Zusammensetzung des Produktionsprogramms verwendet werden. Die für diese Fragestellung relevanten Kosten stimmen nämlich wegen der meist erforderlichen kurzfristigen Betrachtung nicht mit den Vollkosten überein. Eine Entscheidung auf Basis der vollen Kosten geht aber implizit von einem längerfristigen Betrachtungszeitraum aus.

Im Gegensatz dazu geht die Teilkostenrechnung von einem kurzfristigen Betrachtungszeitraum aus, wobei die Programmplanung und Kostenkontrolle im Vordergrund steht. Bei der Teilkostenrechnung werden nur die variablen Kostenbestandteile auf die Leistungen verrechnet, während die Fixkosten als Block separat in die Erfolgsrechnung übernommen werden. Sie wird deshalb häufig auch als Grenzkostenrechnung bezeichnet.

Den Teilkostenrechnungssystemen liegt ein völlig anderes, nämlich ein retrogrades Abrechnungsschema zugrunde. Dabei werden von den Erlösen der einzelnen Leistungen bzw. Produkte die diesen Leistungen direkt zurechenbaren Kosten abgesetzt und auf diese Weise Bruttoüberschüsse („Deckungsbeiträge") ermittelt. Diese Bruttoüberschüsse werden, gegebenenfalls nach unterschiedlichen Kalkulationsobjekten oder Hierarchiestufen gegliedert, zusammengefaßt und jeweils den produkt-, produktgruppen- oder unternehmensspezifischen Fixkosten gegenübergestellt.

2. Kapitel: Darstellung der Kostenarten-, Kostenstellen- und Kostenträgerrechnung auf Vollkostenbasis

A. Prinzipien der Erfassung und Verteilung von Kosten

I. Prinzipien der Kostenerfassung

Grundlage der betrieblichen Kostenrechnung ist die Kostenerfassung[9], die in der Kostenartenrechnung vorgenommen wird. Sie hat die Aufgabe, die Höhe der Kosten bei ihrer Entstehung zu ermitteln, indem die mengenmäßigen Güterverbräuche gemessen und die jeweiligen Wertansätze bestimmt werden. Da von diesem Meßvorgang die Zuverlässigkeit und die Verwendbarkeit der Kosteninformationen abhängen, sind an ihn einige Anforderungen zu stellen.

Grundvoraussetzung für eine sinnvolle Kostenerfassung ist zunächst die Strukturgleichheit zwischen den ermittelten Kostendaten und den realen Gegebenheiten. Daneben muß es möglich sein, daß ein fachkundiger Dritter die Möglichkeit hat, den Meßvorgang nachzuvollziehen (intersubjektive Überprüfbarkeit). Dies setzt voraus, daß die erfaßten Güterverbräuche und dafür gezahlten Preise belegmäßig nachgewiesen werden.

Die darüber hinaus geltenden Prinzipien der Vollständigkeit, der Genauigkeit sowie der Aktualität der Kostenerfassung sollen die Verwendbarkeit der Kosteninformationen für die zu treffenden Entscheidungen gewährleisten. Ferner ist anzustreben, die Kosten jeweils bei den Größen zu erfassen, denen sie direkt zurechenbar sind, sowie die Periodenzuordnung und die Liquiditätswirksamkeit von Kosten schon bei der Erfassung anzugeben. Dabei muß das System der Kostenartenrechnung zugleich genügend flexibel sein, um auch neu auftretende Verbrauchsvorgänge jederzeit berücksichtigen zu können.

---

9 Vgl. zu den Prinzipien der Kostenerfassung insbesondere Schweitzer/Küpper, Systeme der Kostenrechnung, S. 135 ff.

Der gewünschte Grad an Vollständigkeit, Genauigkeit und Aktualität muß jeweils gegenüber dem Prinzip der Wirtschaftlichkeit abgewogen werden, um einen von dem beabsichtigten Verwendungszweck nicht gerechtfertigten Aufwand für die Kostenerfassung zu vermeiden. Es geht also nicht um eine höchstmögliche Erfüllung der Anforderungen. Vielmehr ist der Grad der Erfüllung stets von dem Verwendungszweck der Informationen abhängig.

Aus dem Wirtschaftlichkeitsprinzip läßt sich auch der Grundsatz der Einmaligkeit der Kostenerfassung ableiten. Die Kosten- und Leistungsrechnung ist zwar eine eigenständige Rechnung, doch verarbeitet sie auch Daten aus anderen Bereichen. Vielfach können deshalb z. B. die in der Finanzbuchhaltung erfaßten Daten (z. B. Löhne und Gehälter, Energie, etc.) direkt übernommen werden. Daraus resultiert dann aber zugleich die Notwendigkeit, bei der Organisation der Kostenrechnung eine Abstimmbarkeit zwischen Finanzbuchhaltung und Kostenrechnung zu ermöglichen.

Bei der Zusammenfassung der ermittelten Daten über die aufgetretenen wertmäßigen Güterverbräuche zu Kostenarten sind im Rahmen der Kostenartengliederung bereits die Rechnungsziele der Kostenstellen- und der Kostenträgerrechnung zu berücksichtigen.

II. Prinzipien der Kostenzurechnung

Die erfaßten Kosten werden in der Kostenstellen- und der Kostenträgerrechnung auf die einzelnen Kostenstellen bzw. Kostenträger verteilt. Dies kann nach verschiedenen Prinzipien erfolgen und hängt von dem mit der Rechnung verfolgten Ziel ab. Da unterschiedliche Ziele nicht zugleich mit ein und derselben Verteilungsrechnung zu erreichen sind, ist es deshalb mitunter erforderlich, je nach Zielsetzung mehrere Rechnungen auf der Grundlage unterschiedlicher Zurechnungsprinzipien durchzuführen.

Grundsätzliches Kriterium der Kostenzurechnung ist das Verursachungsprinzip. Danach ist jedes Kalkulationsobjekt mit dem Kostenbetrag zu belasten, den es in Form von Güterverbräuchen verursacht hat, ohne den die Ausbringungsgüter bzw. Leistungen also nicht zustande gekommen wären. Es besagt, daß die Kosten den auf sie einwirkenden Einflußgrößen zuzurechnen sind. Das Verursachungsprinzip wird deshalb auch als Prinzip der Kostenzurechnung nach der

Leistungsbezogenheit oder Kosteneinwirkungsprinzip bezeichnet. Als Einflußgrößen können dabei nicht nur Produktmengen, sondern z. B. auch Arbeits- oder Maschinenzeiten, Fertigungsintensitäten, Losgrößen usw. in Frage kommen. Die Kostenzurechnung nach dem Verursachungsprinzip setzt demnach die Kenntnis der kostentheoretischen Zusammenhänge voraus.

Soweit sie mit dem Verursachungsprinzip verträglich sind, können – je nach Zweck der Rechnung – auch andere Zurechnungskriterien simultan berücksichtigt werden. So kann z. B. zusätzlich eine Zurechnung nach dem Kostenverhalten bei Beschäftigungsschwankungen (fix oder variabel) oder nach der Abbaufähigkeit von Leerkosten sowie eine Zurechnung nach der Liquiditätswirksamkeit erfolgen.

Da es an einer eindeutigen Ursache-Wirkung-Beziehung fehlt, ist es nach dem Kostenverursachungsprinzip nicht möglich, einzelnen Kostenträgern beschäftigungsunabhängige Kostenbestandteile zuzurechnen. Solche Kosten werden daher als Kostenstellen- oder Kostenträgergemeinkosten in der Regel nach dem *Proportionalitätsprinzip*, d. h. proportional zu bestimmten Bezugs- oder Maßgrößen auf die Kalkulationsobjekte verteilt. Als Maßgrößen der Verteilung auf Kostenstellen und Kostenträger können sowohl Mengenschlüssel (z. B. Zähl-, Zeit, Raum- oder Gewichtsgrößen) als auch Wertgrößen (Umsatz-, Einsatz-, Bestands- oder Verrechnungsgrößen) verwendet und auch miteinander kombiniert werden. Zu beachten ist aber, daß eine proportionale Zurechnung dem Verursachungsprinzip nur entspricht, wenn die Kostenfunktionen einen linearen Verlauf haben, was gerade bei Beschäftigungsschwankungen in einem weiten Bereich nicht der Fall ist.

Wenn wie bei kleineren Beschäftigungsschwankungen eine verursachungsgerechte Zurechnung der (vollen) Kosten nach dem Proportionalitätsprinzip nicht möglich ist, wird häufig auch das *Durchschnittsprinzip* als eine Ausprägung des Proportionalitätsprinzips angewandt. Dabei werden die Gemeinkosten durchschnittlich auf die Bezugsobjekte verteilt, indem jeder Bezugsgröße unabhängig von der Verursachung derselbe Kostenbetrag zugerechnet wird.

Ein selbständiges Verteilungsprinzip, mit dem von vornherein keine verursachungsgerechte Kostenzurechnung angestrebt wird, ist das *Tragfähigkeitsprinzip*. Es findet Anwendung, wo eine Zurechnung nach dem Verursachungsprinzip, wie z. B. bei Kuppelproduktion nicht möglich ist. Die Verteilung auf die Leistungseinheiten erfolgt dabei im Verhältnis der Bruttogewinne. Je höher der Bruttogewinn eines Kalkulationsobjektes ist, desto mehr Kosten werden ihm zugerechnet. Dadurch soll es möglich sein, eine niedrigere Kostendeckung bei einem Produkt durch eine entsprechend höhere Kostendeckung bei einem anderen Produkt auszugleichen. Im Gegensatz zum Verursachungsprinzip handelt es sich dabei aber um eine willkürliche Verteilung der Kosten, die zu Fehlentscheidungen über die Zusammensetzung des Produktionsprogramms führen kann. Sinnvoller ist es daher in bestimmten Fragestellungen, die Kuppelprodukte zu übergeordneten Bezugsobjekten zusammenzufassen.

B. Kostenarten-, Kostenstellen- und Kostenträgerrechnung auf Vollkostenbasis

Die Grundstruktur der traditionellen Kostenrechnung auf Vollkostenbasis zeigt folgendes Schaubild. Das Schema wird im folgenden näher erläutert.

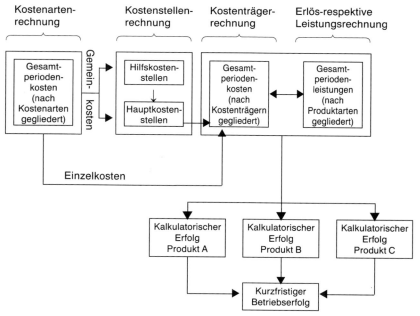

Abb.: 20: Grundstruktur der periodischen Betriebsabrechnung auf Vollkostenbasis
[Quelle: Schierenbeck, Grundzüge der Betriebswirtschaftslehre]

54

I. Kostenartenrechnung

1. Aufgabe, Aufbau und Gliederung der Kostenartenrechnung

Grundlage der gesamten Kosten- und Leistungsrechnung ist die Kostenartenrechnung. Sie dient der systematischen Erfassung sämtlicher Kosten, die bei der Erstellung und Verwertung der betrieblichen Leistungen in der Abrechnungsperiode angefallen sind und liefert damit die Basisinformationen für die darauf aufbauende Kostenstellen- und Kostenträgerrechnung. Erfassungs- und Kontierungsfehler im Bereich der Kostenartenrechnung führen deshalb zwangsläufig zu Folgefehlern in den übrigen Teilbereichen der Kostenrechnung. Die Daten der Kostenartenrechnung bilden außerdem den Ausgangspunkt für eine *summarische* Kostenplanung und -kontrolle in Form horizontaler oder vertikaler Vergleichsrechnungen. Schließlich ist sie Grundlage der globalen Erfolgsrechnung (Gewinn- und Verlustrechnung).

Man kann die Kostenartenrechnung als einen Prozeß betrachten, bei dem zum einen alle Aufwendungen erfaßt und dabei in kostengleiche und in neutrale Aufwendungen getrennt und zum anderen die (nicht zu effektivem Aufwand führenden) Zusatzkosten ermittelt werden. Ihr Aufbau ergibt sich aus dem betrieblichen Kontenplan und spiegelt sich in den Konten wider, auf denen die Kosten gebucht werden. Dabei können je nach Bedarf unterschiedliche Einteilungskriterien gelten. Als wesentliche Gliederungsmerkmale werden dabei insbesondere die Art der Einsatzgüter (Real- oder Nominalgüter), ihr Verbrauchs- oder Potentialcharakter (z. B. Rohstoffe oder Produktionsmaschinen), ihre Herkunft (Beschaffung von außen oder innerbetriebliche Herkunft) oder ihr funktionaler Entstehungsbereich (Beschaffung, Lagerhaltung, Fertigung, Vertrieb, Verwaltung), das Verhalten bei Beschäftigungsschwankungen (variabel oder fix) sowie die Zurechenbarkeit auf Kostenstellen und Kostenträger (Einzel- bzw. Gemeinkosten) angesehen.

Bei der Einteilung nach dem *Charakter der verbrauchten Produktionsfaktoren* unterscheidet man (ohne die möglichen weiteren Untergliederungen) im wesentlichen zwischen
- Personalkosten
- Werkstoffkosten
- Betriebsmittelkosten und
- Dienstleistungskosten.

Nach der *Zurechenbarkeit* kann man zwischen Einzel- und Gemeinkosten unterscheiden, wobei die nicht stück-, sondern nur auftragsbezogen erfaßbaren Sondereinzelkosten der Fertigung oder des Vertriebs (z. B. Spezialwerkzeuge, Lizenzgebühren oder Verpackungsmaterial) eine besondere Kategorie bilden. Einzelkosten lassen sich direkt den Kalkulationsobjekten zurechnen, während dies bei Gemeinkosten nur über Schlüsselgrößen möglich ist.

Bei der Einteilung der Kosten nach dem *Verhalten bei Beschäftigungsschwankungen* wird zwischen fixen und variablen Kosten unterschieden. Fixe Kosten sind beschäftigungsunabhängige Kosten der Betriebsbereitschaft, während variable Kosten von der produzierten Menge abhängig sind.

Nach der *Art der Kostenerfassung* wird zwischen aufwandsgleichen und kalkulatorischen Kosten (Anders- und Zusatzkosten) differenziert. Während die aufwandsgleichen Kosten aus dem Zahlenmaterial der Finanzbuchhaltung übernommen werden, sind die kalkulatorischen Kosten separat zu ermitteln.

2. Erfassung und Verrechnung wichtiger Kostenarten

An Beispielen wird im folgenden die Erfassung und Verrechnung der wichtigsten Kostenarten dargestellt[10].

a) Material- und Stoffkosten

Bei den Material- und Stoffkosten erfolgt grundsätzlich eine getrennte Mengen- und Preiserfassung, wobei bereits bei der Erfassung zwischen Einzel- und Gemeinkosten differenziert wird. Bei der *Mengenerfassung* werden vor allem die folgenden Methoden angewandt:
– Inventurmethode
– Fortschreibungs- oder Skontrationsmethode
– Retrograde Methode (Rückrechnung)

Bei der *Inventurmethode* wird der Verbrauch der Periode durch Vergleich der mittels Inventur ermittelten Bestände unter Berücksichtigung der Zugänge errechnet. Der Verbrauch (V) ist dann die Diffe-

---

10 Vgl. Hummel/Männel, Kostenrechnung 1 – Grundlagen, Aufbau und Anwendung,
   3. Aufl. Wiesbaden 1982, S. 92 ff.

renz zwischen dem Anfangsbestand (AB), den Zugängen (Z) und dem Endbestand (EB).

$$V = AB + Z - EB$$

Die Methode hat gravierende Nachteile, die ihre Anwendbarkeit für Kostenrechnungszwecke fraglich erscheinen lassen. So läßt sich bei der Inventurmethode nicht erkennen, ob der ermittelte Verbrauch ausschließlich leistungsbezogen oder durch Schwund, Verderb oder Diebstahl beeinflußt ist. Außerdem ist eine einmal jährlich durchgeführte Inventur für die erforderliche Aktualität der Daten nicht ausreichend, eine monatliche Inventur dagegen zu aufwendig und unwirtschaftlich.

Bei der *Fortschreibungsmethode* werden die verbrauchten Mengen anhand von Materialentnahmescheinen ermittelt, die bei jeder Lagerentnahme unter Angabe von empfangender Kostenstelle und Auftragsnummer ausgestellt werden.

Verbrauch	=	Summe der Entnahmemengen laut Materialentnahmescheinen

Durch die Fortschreibungsmethode lassen sich die Nachteile der Inventurmethode vermeiden. Außerdem erhält man Belege, aus denen die empfangende Kostenstelle bzw. der Kostenträger (Auftrag) ersichtlich ist. Ein weiterer Vorteil ist die Verfügbarkeit eines buchmäßigen Lager-Sollbestands, der die Möglichkeit bietet, durch Vergleich mit dem (durch eine körperliche Aufnahme gewonnenen) Istbestand unkontrollierte Bestandsveränderungen (Inventurdifferenzen) zu erkennen. Diesen Vorteilen steht allerdings ein gewisser erhöhter Verwaltungsaufwand gegenüber.

Bei der *retrograden Methode* wird der Materialverbrauch anhand von Stücklisten durch Multiplikation mit den Produktionsmengen ermittelt. Basis für die Ermittlung der verbrauchten Mengen ist demnach die Menge der produzierten Halb- und Fertigmaterialien.

Verbrauch	=	Produzierte Stückzahlen mal Sollverbrauchsmenge pro Stück

Nachteilig ist bei dieser Methode, daß nur Soll-Verbrauchsmengen bestimmt werden. Der tatsächliche Verbrauch könnte nur durch gleichzeitige Anwendung der Inventurmethode festgestellt werden. Bei einem Vergleich des Ist-Verbrauchs mit der Soll-Verbrauchsmenge kann außerdem der außergewöhnliche leistungsbezogene Verbrauch nicht von unkontrollierten Abgängen unterschieden werden. Man wird deshalb die retrograde Methode eher für Zwecke der Materialverbrauchskontrolle anwenden.

Für die *Bewertung* des Materialverbrauchs kommen insbesondere in Frage:
- durchschnittliche effektive Anschaffungskosten (Ist-Preis-Verfahren)
- feste Verrechnungspreise
- Wiederbeschaffungskosten (Marktpreis am Tag der Entnahme)

Bei Preissteigerungen auf den Beschaffungsmärkten ist durch eine Bewertung mit Istkosten die erforderliche Substanzerhaltung der Unternehmung nicht sichergestellt, da der Verbrauch zu höheren Kosten wiederbeschafft werden müßte, diese aber nicht erwirtschaftet wurden. Eine Bewertung zu historischen effektiven Anschaffungskosten erscheint daher nur für Zwecke der Bestandsbewertung in der Bilanz sinnvoll. Bei Anschaffungen zu verschiedenen Zeitpunkten mit unterschiedlichen Preisen wird dabei in der Regel ein gewogener Durchschnittspreis gebildet. Daneben ist es aber auch möglich, für Bilanzzwecke eine bestimmte zeitliche Verbrauchsfolge zu unterstellen, z. B. Verbrauch zunächst der zuerst bzw. der zuletzt beschafften Bestände (first in – first out bzw. last in – first out).

Für Zwecke der Kostenkalkulation oder der Erfolgsermittlung bilden dagegen die Wiederbeschaffungspreise die Basis der Bewertung. Nur dann, wenn vorhandene Materialien nicht wiederbeschafft werden sollen, sind die Anschaffungskosten oder bei Auswahlentscheidungen die Opportunitätskosten aus einer möglichen anderweitigen Verwendung anzusetzen.

Die Anwendung fester Verrechnungspreise hat demgegenüber nur Bedeutung für die Kostenkontrolle im Rahmen einer Plankostenrechnung, da sie es gestattet, den Einfluß von eventuellen Preisänderungen zu eliminieren. Wegen der notwendigen Verwendbarkeit der Kostendaten auch für die Erfüllung anderer Rechnungsziele kann die Verwendung fester Verrechnungspreise anstelle von tatsächlich wechselnden Preisen aber auch nachteilig sein.

b) Personalkosten

Die Personalkosten werden in der vorgelagerten Lohn- und Gehaltsabrechnung ermittelt. Sie setzen sich insbesondere aus Löhnen und

Gehältern, Kosten der Sozialleistungen und sonstigen Personalkosten wie z. B. Personalwerbung, Vorstellungs-, Umzugs- und Abfindungskosten zusammen. Auch hier werden Mengen- und Preiserfassung regelmäßig getrennt. Die Erfassung der geleisteten Arbeitszeiten kann z. B. über Anwesenheits(Stempel)karten, Lohnzettel oder Arbeitsbegleitkarten erfolgen. Die Arbeitsleistungen werden mit den gezahlten Effektivlöhnen oder zur Ausschaltung von Schwankungen mit Festpreisen bewertet.

Bei den Löhnen unterscheidet man zwischen Fertigungs- und Hilfslöhnen. Fertigungslöhne werden in der Praxis vielfach als Einzelkosten angesehen, da sie unmittelbar durch die Herstellung der Produkte verursacht werden, während Hilfslöhne und Gehälter an Angestellte nur mittelbar mit der Erstellung der Kostenträger zusammenhängen und daher generell als Gemeinkosten zu klassifizieren sind. In modernen Teilkostenrechnungssystemen werden wegen der fehlenden Abbaubarkeit sogar auch die Fertigungslöhne als kurzfristig fixe, den einzelnen Kostenträgern nicht direkt zurechenbare Gemeinkosten angesehen. Eindeutig variabel und direkt zurechenbar sind lediglich die Überstundenvergütungen.

Spezielle Probleme ergeben sich bei der Erfassung von Urlaubslöhnen, und sozialen Leistungen wie Pensionen, Gratifikationen und Zuschüssen. Sie müssen als Kostenträgergemeinkosten unabhängig von dem Zeitpunkt ihrer Auszahlung zeitlich abgegrenzt und über das gesamte Jahr verteilt werden. Dies geschieht i.d.R. durch möglichst genaue Schätzung und Verrechnung der Monatsbeträge ab Jahresbeginn und Erfassung eventueller Spitzenbeträge im Zeitpunkt der Zahlung.

c) Abschreibungen auf Sachanlagen und immaterielle
   Vermögensgegenstände

Die Anlagenrechnung dient als dritte Nebenrechnung der Erfassung der wertmäßigen Minderungen des Anlagevermögens (Abschreibungen); diese Wertminderungen können anschaulich als Verbrauch des spezifischen Nutzenpotentials der betreffenden Anlage interpretiert werden. Zur Erfassung dieses Verbrauchs ist zum einen eine zeitliche Verteilung der Anschaffungsausgaben möglich, die vor allem für bilanzielle Zwecke in der Anlagenbuchhaltung Anwendung findet. Daneben kommen aber auch Abschreibungen nach Maßgabe der Leistung (z. B. Fahrleistung eines LKW) oder eine eigenständige Abschreibungsverrechnung auf Basis aufwandsunabhängiger kalkulatorischer Größen (z. B. auf Basis von Wiederbeschaffungskosten) in Betracht. Dabei sind im Rahmen der Kostenrechnung nur Abschreibungen, die mit dem betriebsnotwendigen Vermögen zusammenhängen und unter normalen Umständen zu erwarten sind, zu erfassen.

Für die Erfassung des Werteverzehrs sind nicht nur der technische Verschleiß der Anlagen oder der zeitliche Ablauf von Patenten und Lizenzverträgen, sondern auch wirtschaftliche Faktoren wie technischer Fortschritt oder Nachfrageverschiebungen auf dem Absatzmarkt zu berücksichtigen.

In der Kosten- und Leistungsrechnung steht das Prinzip der Substanzerhaltung im Vordergrund. Danach soll die Abschreibungsverrechnung gewährleisten, daß in den Absatzpreisen mindestens jene Beträge vergütet werden, die es dem Unternehmen ermöglichen, die Produktionsanlagen oder Rechtsgüter nach Ablauf der Nutzungsdauer wiederzubeschaffen. Bei konstantem Preisniveau reicht es aus, dabei von den ursprünglichen Anschaffungs- oder Herstellungskosten auszugehen. In Zeiten steigender Preise ist jedoch die Abschreibungsverrechnung auf Basis der Wiederbeschaffungskosten erforderlich, wenn nicht im Zeitpunkt der Wiederbeschaffung eine Finanzierungslücke bestehen soll.

Die verschiedenen Alternativen zur Abschreibungsverrechnung demonstriert folgendes Beispiel:

Anschaffungskosten = 100 in t_0
Nutzungsdauer = 3 Jahre
Wiederbeschaffungskosten = in t_1: 110
in t_2: 120
in t_3: 130

Abschreibungs-verrechnung auf	t_0t_1	– Abschreibungen – t_1t_2	t_2t_3	Summe	WBK	Finan-zierungs-lücke
1. Basis der Anschaffungskosten	33	33	33	100	130	30
2. Basis der Wiederbeschaffungs-kosten (WBK)						
a) WBK in t_3	43	43	44	130	130	0
b) WBK zum jeweiligen Stichtag	37	40	44	121	130	9
c) WBK zum jeweiligen Stichtag mit Nach-holung	37	40 + 3	44 + 6	130	130	0

60

Wie das Beispiel zeigt, werden die Abschreibungsgegenwerte über den Absatzpreis bereits in t1-t3 verdient. Da die Ersatzbeschaffung aber erst am Ende von t3 zu einer Ausgabe führt, können die zurückgeflossenen Mittel bis dahin anderweitig verwendet, z. B. verzinslich angelegt werden. Davon hängt ab, welche Methode im Einzelfall anzuwenden ist.

Bei den Varianten 2.a) und 2.c) entspricht die Summe der Abschreibungen genau den Wiederbeschaffungskosten. Sie unterstellen damit implizit, daß keine Erträge aus einer zwischenzeitlichen Verwendung der freien Mittel erzielt wurden. Berücksichtigt man dagegen, daß aus der Zwischenanlage Erträge erwirtschaftet oder Fremdkapitalkosten eingespart werden können, dann wäre Variante 2.b) anzuwenden, wenn die erzielbaren Erträge der Preissteigerungsrate des betreffenden Jahres entsprechen. Im Beispiel würde die aufgetretene Finanzierungslücke von 9 durch jährliche Zinserträge von rund 10% kompensiert werden können.

d) Kalkulatorische Zinsen, Wagnisse und Mieten sowie Unternehmerlohn

Bei den kalkulatorischen Kosten handelt es sich um Kosten, denen in der Finanzbuchhaltung entweder kein Aufwand oder ein Aufwand in anderer Höhe gegenübersteht. Sie müssen aber in der Kostenrechnung angesetzt werden, um den eingetretenen Werteverzehr der Produktionsfaktoren in der tatsächlichen Höhe berücksichtigen zu können. Außer den kalkulatorischen Abschreibungen werden kalkulatorische Zinsen, Mieten, Wagniskosten und der kalkulatorische Unternehmerlohn unterschieden.

Kalkulatorische Zinsen sind unabhängig von etwaigen effektiven Zinszahlungen zu berechnen, da nicht nur das Fremdkapital zu bedienen ist, sondern auch das Eigenkapital bei alternativer Verwendung (z. B. als Festgeldanlage) dem Eigentümer einen Ertrag bringen würde. Beide Komponenten müssen deshalb in der Unternehmung verdient werden. In der Kostenrechnung wird daher nicht zwischen Eigen- und Fremdfinanzierung unterschieden, sondern ein kalkulatorischer Zins auf das gesamte betriebsnotwendige Kapital angesetzt. Da die Zinsen nicht von der Ausbringungsmenge abhängig sind, haben sie Fixkostencharakter.

Das *betriebsnotwendige Kapital* kann wie folgt ermittelt werden:

Anlagevermögen (zu kalkulatorischen Wertansätzen)
+ Umlaufvermögen (Kalkulatorische Mittelwerte)
− Neutrales Anlage- und Umlaufvermögen (Betriebsfremde Anlagen oder Warenvorräte, stillgelegte Abteilungen, spekulative Bestände, u.ä.)

= Betriebsnotwendiges Vermögen
− Abzugskapital (zinsfreie Verbindlichkeiten, z. B. Kundenanzahlungen und Garantie-, Urlaubs- oder Steuerrückstellungen)

= Betriebsnotwendiges Kapital

Maßgeblich für die Berechnung der kalkulatorischen Zinsen ist dabei das jeweils in den Kostenstellen gebundene Betriebskapital. Bei einer jährlich gleichbleibenden (linearen) Abschreibung werden deshalb Zinsen nur auf die Hälfte der Anschaffungskosten berechnet (Methode der Durchschnittswertverzinsung). Dies führt zu einer während der gesamten Nutzungsdauer der Anlage gleichbleibenden Zinskostenbelastung. Weil dies nicht der tatsächlichen Kapitalbindung entspricht, stellt die ebenfalls anzutreffende Methode der Restbuchwertverzinsung auf die jeweiligen Restbuchwerte der Anlagen ab. Auch die Restbuchwerte enthalten jedoch schon aus steuerlichen Gründen häufig stille Reserven, die sich in höheren Verkaufserlösen im Falle einer Veräußerung der Anlage ausdrücken. Methodisch richtiger wäre deshalb eine Verzinsung nach Maßgabe der Entwicklung des möglichen Veräußerungserlöses, was jedoch i.d.R. auf praktische Schwierigkeiten der Preisermittlung stößt.

Umstritten ist auch, welcher Zinssatz anzuwenden ist. In der Praxis wird meist der für langfristige, risikofreie Kapitalanlagen erzielbare Zins (sog. Kapitalmarktzins) zugrunde gelegt. Wenn die Daten zur Vorbereitung und Überwachung unternehmerischer Entscheidungen dienen sollen, ist dies jedoch nicht sinnvoll. Es sollte dann statt dessen der Zinssatz des teuersten aufgenommenen Kredits angesetzt werden, denn bei geringerem Kapitalbedarf würde zunächst dieser Kredit getilgt und entsprechende Zinsaufwendungen eingespart. Kommt eine Kredittilgung dagegen nicht in Frage, müßte sich der Zinskostensatz an den Erträgen orientieren, die bei einem anderweitigen Kapitaleinsatz im Betrieb oder auch außerhalb erzielbar wären (Opportunitätskosten).

Kalkulatorische Wagniskosten sollen bestimmte Risiken berücksichtigen, die mit der unternehmerischen Tätigkeit zusammenhängen. Dabei kann man das allgemeine Unternehmerrisiko und spezielle Einzelwagnisse unterscheiden. Letztere beziehen sich auf bestimmte Vernichtungsursachen von Gütern, die in ihrem Eintritt ungewiß aber anhand von Erfahrungswerten bis zu einem gewissen Maß erfaßbar sind. Dazu gehören insbesondere:
– Mehrkostenwagnisse (z. B. Ausschuß, Schrott)
– Gewährleistungswagnisse (Garantiefälle)
– Vertriebswagnisse (Forderungsausfälle)
– Beständewagnisse (Schwund, Qualitätsminderung)
– Betriebsmittelwagnisse (Maschinen- und Gebäudeschäden).

Durch den Ansatz kalkulatorischer Wagniskosten soll eine möglichst gleichmäßige Verteilung der nachteiligen Auswirkungen von in gewissem Umfang voraussehbaren außergewöhnlichen Ereignissen auf mehrere Abrechnungsperioden erreicht werden, um im Schadensfall nicht nur eine einzelne Periode übermäßig zu belasten. Die speziellen Einzelwagnisse können dabei zumindest teilweise durch Fremdversicherung abgedeckt werden und verursachen in diesem Fall Versicherungskosten. Soweit die Wagnisse von der Unternehmung selbst getragen werden müssen, sind die Kosten so zu kalkulieren, daß sie auf lange Sicht die entsprechenden tatsächlichen Ausgaben für eingetretene Schäden und Verluste voraussichtlich ausgleichen. So gesehen kann man die Wagniskosten als eine Art Eigenversicherungsprämie interpretieren.

Der Gedanke der Verteilung von Wagniskosten über Durchschnittswerte beruht auf der Überlegung, die Voraussetzungen für inner- und zwischenbetriebliche Erfolgsvergleiche durch Periodisierung außerordentlicher Einflüsse zu schaffen. Ein solches Vorgehen ist aber nicht generell für alle Zielsetzungen geeignet. Soll z. B. die Kosteninformation als vergangenheitsbezogene Kontrollrechnung dienen, ist es sinnvoller, anstelle von Durchschnittswerten über Einzelwagnisse die effektiv angefallenen Wagniskosten (z. B. Forderungsausfälle, Kursverluste, Brandschäden) anzusetzen, um die tatsächlichen Verhältnisse widerzuspiegeln.

Für die Arbeitsleistung tätiger Unternehmer in Einzelunternehmen und Personenhandelsgesellschaften fallen keine Aufwendungen an, da deren Tätigkeit nicht durch ein Gehalt, sondern durch den erzielten Gewinn vergütet wird. Um hier eine Vergleichbarkeit mit Unternehmen zu erreichen, bei denen die Leitung durch angestellte Mitarbeiter erfolgt (insbesondere Kapitalgesellschaften), werden häufig als *kalkulatorischer Unternehmerlohn* Kosten in der Höhe verrechnet, die für einen Angestellten aufzuwenden wären, wenn man ihm die Unternehmensleitung übertragen würde.

In bestimmten Fragestellungen kann es zweckmäßiger sein, anstelle der ersparten Gehaltsaufwendungen mit Opportunitätskosten zu rechnen, d. h. als Unternehmerlohn jenes Einkommen anzusetzen, das der Unternehmer unter Berücksichtigung seiner Fähigkeiten, Präferenzen und Handlungsalternativen bei anderweitiger Tätigkeit außerhalb der Unternehmung erzielen könnte. Ist dieses höher, so wäre es lohnender, die Leitung einem Angestellten zu übertragen. Der Ansatz eines kalkulatorischen Unternehmerlohns hat also die Funktion einer subjektiven Sollvorgabe für den erforderlichen Zusatzertrag bei Mitarbeit des Eigentümers.

Für Gegenstände des Unternehmers, die für betriebliche Zwecke genutzt werden, gelten dieselben Überlegungen. Analog zum kalkulatorischen Unternehmerlohn kann auch hier eine kalkulatorische Miete anhand der entgehenden Mieterträge bei alternativer Verwendung ermittelt werden.

e) Steuern

Obwohl sie kein Entgelt für besondere Leistungen des Staates darstellen, zählen auch Steuern zu den Kosten, wenn sie durch die Betriebstätigkeit oder durch die Aufrechterhaltung der Betriebsbereitschaft verursacht werden. Dies gilt vor allem für die sog. Kostensteuern (Verbrauch-, Verkehr- und Substanzsteuern). Der Kostencharakter von Gewinnsteuern ist dagegen umstritten, da der Gewinn nicht Voraussetzung, sondern mögliche Folge des betrieblichen Leistungserstellungsprozesses ist. Ob Gewinnsteuern Kostencharakter haben, hängt jedoch vom Rechnungsziel ab. In einer entscheidungsorientierten Kostenrechnung müssen Steuern dann einbezogen werden, wenn ihre Vernachlässigung zu nicht optimalen Entscheidungen führen könnte. Dies ist dann der Fall, wenn sich durch die Einbeziehung von Steuern ein positiver Zielbeitrag in einen negativen umkehrt oder die optimale Rangfolge von Alternativen sich ändert. Vor allem bei den Gewinnsteuern erfordert dies eine genaue Analyse, ob und wie durch eine anstehende Entscheidung Steuerbemessungsgrundlagen und darauf entfallende Steuerbeträge beeinflußt werden.

II. Kostenstellenrechnung

1. Aufgabe und Inhalt der Kostenstellenrechnung

Kostenstellen sind als Orte der Kostenentstehung anzusehen. Durch die Bildung von Kostenstellen und die anschließende Bestimmung von Kostensätzen (Zuschlags- oder Verrechnungssätze) für die Inanspruchnahme der jeweiligen Kostenstellen wird häufig – insbesondere in Mehrproduktbetrieben mit hoher Fertigungstiefe – die indirekte Weitergabe von Gemeinkosten von der Kostenartenrechnung auf die einzelnen Kostenträger angestrebt. Die Kostenstellen bilden dann die Verbindung zwischen der Kostenarten- und der Kostenträgerrechnung.

1 Allgemeine Bereiche	**3 Fertigungsbereich**
11 Immobilien	31 Fertigungshilfsstellen
111 Heizung	312 Werkzeugmacherei
112 Reinigung	313 Arbeitsvorbereitung
113 Bewachung	32 Fertigungshauptstellen
114 Grundstücke, Gebäude	321 Dreherei
12 Sozialdienste	322 Fräserei
121 Kantine	323 galvanische Abteilung
122 Sanitätsstelle	324 Montage
123 Werksbibliothek	33 Fertigungsnebenstellen
13 Energie	331 Abfallverwertung
131 Wasserversorgung	332 Kuppelprodukteverarbeitung
132 Stromerzeugung	**4 Vertriebsbereich**
133 Gaserzeugung	41 Verkauf
134 Dampferzeugung	411 Verkauf Inland
14 Instandhaltung	412 Verkauf Ausland
141 Schlosserei	42 Werbung
142 Tischlerei	43 Versandläger
143 Elektrowerkstatt	44 Kundendienst
144 Bauabteilung	45 Expedition
2 Materialbereich	**5 Verwaltungsbereich**
21 Einkauf	51 Geschäftsleitung
211 Einkaufsabteilung	52 Interne Revision
212 Prüflabor	53 Rechtsabteilung
22 Lager	54 Rechnungswesen
221 Werkstoffläger	55 Personalabteilung
222 Warenannahme	56 Registratur
223 Lagerbuchhaltung	57 Rechenzentrum

Abb. 21: Beispiel eines Kostenstellenplans
[Quelle: Hummel/Männel, Kostenrechnung 1]

Werden entsprechend der obigen Abbildung die Kostenstellen nach Abteilungen oder Verantwortungsbereichen gebildet, wird außerdem die Kontrolle der Wirtschaftlichkeit durch Zeit- oder Soll-Ist-Vergleiche ermöglicht. In modernen Kostenrechnungssystemen ist neben der Kostenplanung diese Kostenkontrollfunktion als die vorrangige Aufgabe der Kostenstellenrechnung anzusehen, da sie die weitere Aufgabe der Gemeinkostenzurechnung nach dem Verursachungsprinzip letztlich nicht in befriedigender Weise erfüllen kann.

Der Ablauf der Kostenstellenrechnung erfolgt grundsätzlich in zwei Stufen. In der ersten Stufe werden die primären, d. h. die aus der Finanzbuchhaltung übernommenen aufwandsgleichen Kostenarten erfaßt und dabei verursachungsgerecht, d. h. als Einzelkosten den jeweiligen Kostenstellen zugeordnet. Dazu sollten möglichst solche Kostenstellen gebildet werden, bei denen eindeutige proportionale Beziehungen zwischen den angefallenen Kosten und den Leistungen der Kostenstelle bestehen. Von einer Verwendung von Schlüsselgrößen zur Verteilung auf Kostenstellen ist also nach Möglichkeit abzusehen. In der zweiten Stufe wird die innerbetriebliche Leistungsverrechnung vorgenommen. Aus Sicht der aufnehmenden Kostenstellen handelt es sich dabei um sekundäre Kosten.

2. Herkömmliche Kostenstellen-Systematik und Betriebsabrechnungsbogen (BAB)

Bei der Kostenstellengliederung werden vor allem nach produktionstechnischen Gesichtspunkten Haupt-, Neben- und Hilfskostenstellen sowie nach abrechnungstechnischen Gesichtspunkten Vor- und Endkostenstellen unterschieden. In der Praxis wird deshalb bei Betrieben, die das System der Vollkostenrechnung anwenden, vor allem eine Gliederung nach den betrieblichen Funktionen Beschaffung, Fertigung, Verwaltung und Vertrieb mit einer weiteren Untergliederung nach Verantwortungsbereichen angewandt. Dabei ergibt sich in Anlehnung an das Kalkulationsschema der Zuschlagskalkulation meist folgende Kostenstellen-Systematik:

– Allgemeine Kostenstellen; es handelt sich um vorgelagerte Hilfsstellen, die an eine Vielzahl weiterer Stellen Leistungen erbringen, z. B. Energieerzeugung, Heizung, Reparatur- und Reinigungsdienst u.ä. Auch Forschungs- und Entwicklungskosten werden hier erfaßt, sofern dafür nicht ein eigener Kostenstellenbereich (z. B. Versuchswerkstatt, Patentstelle, Zeichnungsarchiv, Konstruktionsabteilung) besteht.

- Fertigungshaupt-, Fertigungsneben- und Fertigungshilfsstellen; in den Haupt- und Nebenstellen werden unmittelbar die zum Produktionsprogramm gehörenden Haupt- bzw. Nebenprodukte bearbeitet und die Kosten den jeweiligen Kostenträgern direkt zugerechnet, während in den Fertigungshilfsstellen lediglich Hilfs- und Vorleistungen (z. B. Fertigungsplanung und -steuerung, Qualitätssicherung, Werkzeugerstellung, Reparaturdienst) für die Fertigungs-Endkostenstellen erbracht werden.

- Materialstellen; diesen Stellen obliegt insbesondere die Beschaffung, Prüfung und Lagerhaltung der notwendigen Einsatzstoffe. Sie werden, obwohl eigentlich Hilfskostenstellen, als Endkostenstellen behandelt, indem ihre Kosten den Kostenträgern direkt zugerechnet werden.

- Verwaltungsstellen, die allgemeine Verwaltungsaufgaben für das gesamte Unternehmen erfüllen (z. B. Buchhaltung, Geschäftsleitung, Personal- und Rechtsabteilung); ihre Leistungen sind demnach anderen Kostenstellen oder den Kostenträgern nicht direkt zurechenbar.

- Vertriebsstellen, denen die Verwertung der Produkte obliegt (z. B. Verkauf, Werbung, Marktforschung, Kundendienst).

Die Kostenstellenrechnung kann in zwei Grundformen, zum einen über eine kontenmäßige Erfassung und Verteilung der Kosten durch Buchungen und zum anderen statistisch-tabellarisch mit Hilfe des sog. Betriebsabrechnungsbogens (BAB) durchgeführt werden. Die kontenmäßige Kostenverteilung erfordert einen erheblichen Buchungsaufwand und ist daher nur mit Hilfe der EDV wirtschaftlich zu bewältigen. Bei der tabellarischen Kostenverteilung wird auf die doppelte Buchung der Vorgänge verzichtet und dadurch die Kostenstellenrechnung weniger umfangreich. Sie kann in der einfachsten Form häufig auf einem einzigen sog. Kostenstellenbogen ausgeführt werden und ist deshalb insbesondere für mittlere Betriebe ohne leistungsfähige EDV-Abteilung besser geeignet. Zusätzlich können aber auch die Kostenträgerrechnung und die kurzfristige Erfolgsrechnung in den Bogen integriert werden. Dieser sog. „große" Betriebsabrechnungsbogen umfaßt dann die gesamte Kosten- und Leistungsrechnung.

(A) BAB im engeren (eigentlichen) Sinne

Spalten	1	2	3	4	5	6	7	8	9
Kostenstellen	Zahlen der Kostenarten-rechnung	Vorkostenstellen				Endkostenstellen			
		Allgemeine (Hilfs-) Kostenstellen		Fertigungs-hilfsstellen	Material-stellen	Fertigungshaupt-stellen		Verwal-tungs-stellen	Vertriebs-stellen
Kostenarten		I	II			A	B		
I. Erfassung der primären Kostenarten (Zeilen 1—10)									
1 Gemeinkostenlöhne	4000	400	500	1000	800	200	200	600	300
2 Gehälter	7500	400	300	300	1200	500	300	2500	2000
3 Gesetzl. Sozialleistungen	1150	80	80	130	200	70	50	310	230
4 Gemeinkostenmaterial	3000	400	200	400	200	500	600	400	300
5 Instandhaltung	250	10	20	40	20	60	70	20	10
6 Fremdstrom	180	20	10	20	20	40	40	20	10
7 Miete	400	20	30	30	40	60	50	100	70
8 Versicherungen	140	10	10	20	10	30	40	10	10
9 Kalkulatorische Abschreibungen	500	30	50	60	60	100	110	50	40
10 Kalkulatorische Zinsen	130	10	20	20	10	30	20	10	10
11 Summe der primären Kostenarten (Zeilen 1—10)	17250	1380	1220	2020	2560	1590	1480	4020	2980

	II. Umlage der Allgemeinen (Hilfs-)Kostenstellen (Zeilen 12—15)									
12	Umlage Stelle I (Spalte 2)		1380							
13				+100	+300	+400	+200	+200	+100	+80
14	Umlage Stelle II (Spalte 3)			1320						
15					+200	+300	+200	+220	+300	+100
16	Zwischensumme	17250		0	2520	3260	1990	1900	4420	3160
17	III. Umlage der Fertigungs-Hilfsstellen (Zeilen 17 + 18)				2520		+1500	+1020		
18										
19	Gesamtkosten der Endkostenstellen	17250			0	3260	3490	2920	4420	3160

Fortsetzung auf Seite 70

(B) Ergänzende Ermittlung von Zuschlags- bzw. Verrechnungssätzen sowie von Kostenüber- und -unterdeckungen

	I. Ermittlung von Zuschlagssätzen Zuschlagsbasis:					
20	a) Materialeinzelkosten	20000				
21	b) Fertigungslöhne		3000	5000		
22	c) Herstellkosten*)				37670*)	37670*)
23	Ist-Zuschlagssätze:	16,3 %	116,3 %	58,4 %	11,7 %	8,4 %
	II. Vergleich mit den Normal-Zuschlagssätzen und den auf dieser Basis verrechneten Kosten					
24	Normal-Zuschlagssätze	20,0 %	100,0 %	60,0 %	14,0 %	10,0 %
25	„Soll-Kosten" beim Rechnen mit Normal-Zuschlagssätzen (Zeile 24 bezogen auf Zeile 20 bzw. 21 bzw. bezogen auf**)	4000	3000	3000	5320	3800
26	Kostenüberdeckung Zeile 25 / Zeile 19	740		80	900	640
27	Kostenunterdeckung (Zeile 19 / Zeile 25)		490			

*) Σ Zeile 20 + Spalten 6 und 7 der Zeile 21 + Spalten 5—7 der Zeile 19
**) Σ (20000 · 1,20) + (3000 · 2,00) + (5000 · 1,60) = 38000

Abb. 22: Beispiel eines Betriebsabrechnungsbogens
[Quelle: Hummel/Männel, Kostenrechnung 1]

Im BAB sind die zu verteilenden Kostenarten zeilenweise, die aufnehmenden Kostenstellen dagegen spaltenweise angeordnet. Grundsätzlich werden nur (Kostenträger)Gemeinkosten verrechnet, da Einzelkosten definitionsgemäß den Kostenträgern direkt zugerechnet werden können. Es ist jedoch auch möglich, die Einzelkosten in den BAB mit aufzunehmen, da sie als Bezugsbasis zur Ermittlung verschiedener Kalkulationssätze in Vollkostenrechnungssystemen ohnehin benötigt werden.

Die bei der Aufstellung des BAB anfallenden Arbeitsschritte können wie folgt beschrieben werden:

– Aus der Kostenartenrechnung werden die den Kostenträgern nicht direkt zurechenbaren primären Gemeinkosten in die linke Spalte des BAB überführt und von dort direkt oder mit Hilfe von Schlüsselgrößen auf die verschiedenen Hilfs- und Hauptkostenstellen verteilt, die diese Gemeinkosten verursacht haben. Nach dieser Verteilung kennt man die Summe der primären Gemeinkosten pro Kostenstelle.

– Als nächster Schritt erfolgt die Kostenstellenumlage, die eine Abrechnung von Leistungen der Kostenstellen untereinander darstellt (innerbetriebliche Leistungsverrechnung). Wegen der Einzelheiten zu den verschiedenen Verfahren vergleiche unten 3. Die Kostenstellenumlage erfolgt zweckmäßigerweise in einer der Prozeßgliederung entsprechenden Reihenfolge, d. h. es werden zunächst die Kosten der Allgemeinen (Hilfs)Kostenstellen auf die empfangenden Kostenstellen und danach die Fertigungshilfsstellen auf die Fertigungshauptstellen umgelegt. Nach Abschluß dieser Verteilung sind in jeder Hauptkostenstelle die gesamten (primären und sekundären) Gemeinkosten aufgelaufen. Die Summe der gesamten Gemeinkosten über alle Hauptkostenstellen muß nun mit der Summe der primären Gemeinkosten laut Kostenartenrechnung übereinstimmen.

– In einem dritten Schritt werden die Zuschlags- bzw. Verrechnungssätze ermittelt, mit deren Hilfe die Kostenträger über bestimmte Bezugsgrößen mit den Gemeinkosten belastet werden. Bei den Fertigungsstellen werden im allgemeinen die Lohneinzelkosten als Bezugsgröße gewählt, d. h. es wird eine proportionale Abhängigkeit der Fertigungsgemeinkosten von den Einzelkosten unterstellt. Entsprechendes gilt für die Materialstellen, bei denen die Materialeinzelkosten die Zuschlagsbasis bilden. Zuschlagsbasis für die Verteilung der Kosten der Verwaltungs- und Vertriebsstellen sind in der Regel die Herstellkosten, die sich aus den Materialeinzel- und -gemeinkosten sowie aus den Fertigungseinzel- und -gemeinkosten zusammensetzen.

Das oben zur Verrechnung der Istkosten Gesagte gilt bei Anwendung einer Normal- oder Plankostenrechnung entsprechend. Hier müssen für die Analyse der bei den einzelnen Kostenstellen (infolge der Anwendung von Normal- oder Planverrechnungssätzen anstelle der Umlage der effektiven Istkosten) auftretenden Kostenabweichungen jeweils die Kostenüber- oder Kostenunterdeckungen ermittelt werden.

3. Verteilung der Kosten und Verrechnung innerbetrieblicher Leistungen

In der Kostenrechnung wird versucht, die primären Kostenarten so weit wie möglich den einzelnen Kostenträgern verursachungsgerecht zuzurechnen. Soweit dies wegen des Gemeinkostencharakters der betreffenden Kostenart nicht möglich ist, wird eine verursachungsgerechte Verteilung der Gemeinkosten auf Kostenstellen angestrebt, um sie von dort durch Auswahl geeigneter Bezugsgrößen möglichst genau auf die Kostenträger zu verrechnen. Soweit die Gemeinkosten sich einzelnen Kostenstellen unmittelbar zurechnen lassen, erfolgt eine direkte Verteilung durch entsprechende Kontierung der Kostenartenbelege; man spricht deshalb von Kostenstelleneinzelkosten. Bei den sog. Kostenstellengemeinkosten läßt sich dagegen nicht unmittelbar feststellen, in welcher Höhe sie durch einzelne Kostenstellen verursacht wurden. Sie sind daher nur mit Hilfe bestimmter Schlüssel auf diese Kostenstellen zu verteilen. Dasselbe gilt für Kosten, die lediglich aus Vereinfachungs- und Wirtschaftlichkeitsgründen nicht bei der verursachenden Kostenstelle erfaßt werden („unechte" Kostenstellen-Gemeinkosten). Wie alle Kostenschlüsselungen birgt aber auch die Schlüsselung der Kostenstellengemeinkosten die Gefahr nicht verursachungsgerechter Kostenverteilung, so daß sie möglichst vermieden werden sollte.

Als Bezugsgröße der Gemeinkostenverteilung können sowohl Wert- als auch Mengenschlüssel verwendet werden. Wertschlüssel führen zu prozentualen Kalkulationssätzen, Mengenschlüssel dagegen zu individuellen Zuschlagssätzen pro Bezugsgrößen(Schlüssel)einheit.

Neben dem Problem der Wahl verursachungsgerechter Gemeinkostenschlüssel besteht ein weiteres Grundproblem der traditionellen Kostenstellenrechnung in der Verrechnung innerbetrieblicher Leistungen.

Die *innerbetrieblichen Leistungen* (Eigenleistungen, Innenaufträge) sind dadurch charakterisiert, daß sie im Gegensatz zu den eigentlichen Absatzleistungen nicht direkt marktwirtschaftlich verwendet werden, sondern im Betrieb selbst Verwendung finden sollen. Durch diesen innerbetrieblichen Leistungsaustausch wird neben der Erfassung und Verteilung der primären Kostenarten zusätzlich eine Belastung der empfangenden Kostenstelle mit den Kosten der leistenden Kostenstelle erforderlich. Diese innerbetrieblichen Leistungsverrechnung wird zur Abgrenzung von der Kostenartenrechnung häufig auch als Sekundärkostenrechnung bezeichnet. Ihre Problematik besteht darin, daß Kostenstellen nicht nur in einer Richtung, sondern auch untereinander Leistungen austauschen. So braucht z. B. die Reparaturwerkstatt Strom und umgekehrt die Stromerzeugungsstelle Reparaturen. Jede dieser Hilfskostenstellen kann aber jeweils ihre eigenen Leistungen grundsätzlich nicht kalkulieren, bevor sie die Kostenbelastungen durch die anderen Hilfskostenstellen kennt.

Dieses Interdependenzproblem läßt sich nur durch simultane Verrechnungsverfahren (Determinanten- oder Matrizenrechnung) exakt lösen, was jedoch mit Hilfe der EDV leicht möglich ist. Die gleichwohl in der Praxis angewendeten Verfahren der sukzessiven Überwälzung der Kosten einer Kostenstelle auf die nachgeordneten empfangenden oder als nachrangig eingestuften Kostenstellen bieten hier allenfalls Näherungslösungen, weil sie die Interdependenz vernachlässigen.

Eine solche Näherungslösung bietet das sog. Stufenleiterverfahren. Hierbei werden zunächst die Kostenstellen abgerechnet, die keine oder möglichst wenig Leistungen von anderen Stellen empfangen haben. Die primären Kosten dieser Hilfskostenstelle werden entsprechend der Leistungsabgabe auf die anderen Hilfskostenstellen verteilt. In gleicher Weise werden die Gesamtkosten der nach demselben Kriterium ausgewählten zweiten Kostenstelle, die nun bereits sekundäre Kosten enthält, auf die übrigen Stellen verteilt, usw.

Ein gröberes Verfahren ist das sog. Anbauverfahren. Es vernachlässigt den innerbetrieblichen Leistungsaustausch zwischen den einzelnen Hilfskostenstellen, indem es sie ohne Berücksichtigung sekundärer Kosten von anderen Hilfskostenstellen über die Hauptkostenstellen abrechnet.

III. Kostenträgerrechnung

1. Aufgaben und Grundbegriffe

In der Kostenträgerrechnung als der letzten Stufe der Kostenrechnung werden die in der Kostenstellenrechnung auf Fertigungshaupt-, Material-, Verwaltungs- und Vertriebsstellen weitergewälzten Kosten auf die verschiedenen Kostenträger verrechnet. Die Aufgabe der Kostenträgerrechnung besteht dabei vor allem darin, die Herstell- und die Selbstkosten der Kostenträger zu ermitteln, um

- die Bewertung von selbsterstellten Anlagen und von Beständen an unfertigen und fertigen Erzeugnissen sowie des Güterverzehrs für Zwecke der Rechnungslegung und der nach Kostenträgerarten differenzierenden kurzfristigen Erfolgsrechnung zu ermöglichen;
- Unterlagen für preispolitische Entscheidungen, z. B. für die Ermittlung von Preisuntergrenzen oder der Selbstkosten für Leistungen an öffentliche Auftraggeber, zu schaffen;
- Ausgangsdaten für Planungszwecke und Optimierungsentscheidungen (Verfahrensvergleiche, Eigenfertigung/Fremdbezug) zu gewinnen.

Die Kostenträgerrechnung kann je nach Aufgabenstellung entweder als Kostenträgerstückrechnung oder als Kostenträgerzeitrechnung konzipiert sein. Die Kostenträgerzeitrechnung ermittelt als Periodenrechnung die in der Periode insgesamt angefallenen Kosten für die Kostenträger. Zur Ermittlung des kurzfristigen Erfolgs je Produkt in der betrachteten Periode wird sie regelmäßig um die Leistungsrechnung ergänzt, so daß man auch von einer Kostenträgerergebnisrechnung sprechen könnte.

Demgegenüber werden in der Kostenträgerstückrechnung die Herstell- bzw. Selbstkosten pro Leistungseinheit ermittelt, so daß sie auch als Kalkulation bezeichnet wird. Sie wird aus der Kostenträgerzeitrechnung abgeleitet, indem eine Umdimensionierung der Periodengrößen in Stückgrößen erfolgt. Die Kalkulation kann im voraus erfolgen, um über Annahme oder Ablehnung spezifischer Aufträge zu

74

entscheiden (Vorkalkulation), oder auch im nachhinein zur Ermittlung der effektiven Istkosten bzw. des Betriebserfolgs (Nachkalkulation, auch Zwischenkalkulation bei Auftragsfertigung).

2. Kurzfristige Erfolgsrechnung als Kostenträgerzeitrechnung

Die folgende Abbildung gibt einen Überblick über die in der Praxis angewandten Verfahren der kurzfristigen Erfolgsrechnung. Bezüglich der Darstellung des Verfahrens auf Basis von Teilkosten wird auf Kapitel 3 verwiesen.

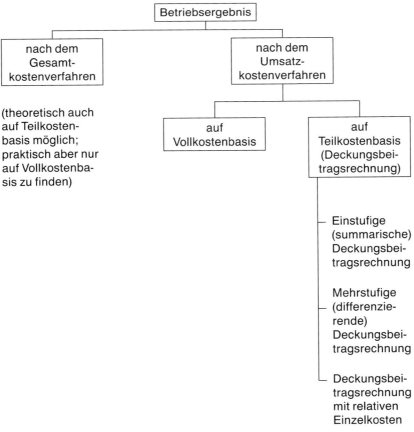

Abb. 23: Verfahren der kurzfristigen Erfolgsrechnung
[Quelle: Haberstock, Grundzüge der Kosten- und Erfolgsrechnung]

Durch die kurzfristige Erfolgsrechnung soll im Gegensatz zur Gewinn- und Verlustrechnung nicht der Gesamterfolg des Unternehmens (Unternehmensergebnis), sondern der Periodenerfolg pro Produkt (Betriebsergebnis) ermittelt werden. Die Betriebsergebnisrechnung (Kostenträgerergebnisrechnung) kann wie die Kostenstellenrechnung entweder in kontenmäßiger oder in statistisch-tabellarischer Form durchgeführt werden und umfaßt meist einen Abrechnungszeitraum von einem Monat. Sie umfaßt folgende Teilschritte:

– Verteilung der Einzelkosten aus der Kostenartenrechnung direkt auf die Kostenträger;

– Zurechnung der auf die Kostenstellen verteilten Gemeinkosten mit Hilfe der in der Kostenstellenrechnung ermittelten Zuschlagsätze oder über spezielle Schlüssel (z. B. Maschineninanspruchnahme) auf die Kostenträger;

– Einbeziehung der nach Kostenträgern zu gliedernden Periodenleistungen.

Die Durchführung dieser Arbeitsschritte kann nach dem Gesamtkostenverfahren (GKV) oder dem Umsatzkostenverfahren (UKV) erfolgen. Bei dem *Gesamtkostenverfahren* werden zur Messung der betrieblichen Leistungen der kurzfristigen Periode neben den Umsatzerlösen der abgesetzten Produkte auch die Veränderungen der Bestände an fertigen und unfertigen Erzeugnissen sowie die Eigenleistungen für aktivierte selbsterstellte Anlagen, also die betriebliche Gesamtleistung angesetzt. Der Gesamtleistung werden die Gesamtkosten der Periode gegenübergestellt und so der Betriebserfolg ermittelt. Es wird also folgender Periodenvergleich durchgeführt:

Erlöse der abgesetzten Produkte
+ / – Bestandsveränderungen
_____
= (Gesamt)Leistung der Periode
– Gesamtkosten der Periode
_____
= Ergebnis der (kurzfristigen) Periode

Nach dem *Umsatzkostenverfahren* wird dagegen der Betriebserfolg ermittelt, indem von den Umsatzerlösen die Herstell- und Verwaltungskosten, soweit sie auf die verkauften Produkte entfallen, sowie die gesamten Vertriebskosten der Periode abgezogen werden. Im Gegensatz zum Gesamtkostenverfahren, bei dem die gesamten *produzierten* Leistungen und deren gesamte Kosten betrachtet werden, werden also hier nur die Erlöse und Kosten der *abgesetzten* Leistungen einander gegenübergestellt. Es ergibt sich also folgende Vergleichsrechnung:

Erlöse der abgesetzten Produkte
− Kosten der abgesetzten Produkte
_____
= Ergebnis der (kurzfristigen) Periode

Bei einer Betriebsabrechnung auf Vollkostenbasis führen beide Verfahren grundsätzlich zum selben Ergebnis, wenn die im Rahmen des GKV gesondert zu berücksichtigenden Bestandsveränderungen erfolgsneutral zu ihren Herstellkosten bewertet werden. Wegen dieser Erfolgsneutralität der Bewertung von Bestandsveränderungen verzichtet das UKV von vornherein auf ihre Erfassung. Unterschiede können sich jedoch insofern ergeben, als sich der Lagerbestand bei unterschiedlichen Veränderungen der Produktions- und Absatzmengen aus Teilmengen mit unterschiedlichen Herstellkosten zusammensetzt. Dies führt im Vergleich zwischen GKV und UKV zu gewissen Ergebnisverschiebungen zwischen einzelnen Perioden.

Das GKV nähert sich in seinem Aufbau der Gliederung der Gewinn- und Verlustrechnung der Finanzbuchhaltung an, was vielfach als Vorteil empfunden wird. Die Zusammenfassung der Periodenergebnisse der kurzfristigen Erfolgsrechnung (Jahreserfolgsrechnung) unterscheidet sich aber von dem Jahresergebnis der Finanzbuchhaltung auf der einen Seite um das neutrale Ergebnis der GuV und auf der anderen Seite um die in der GuV nicht erfaßten Zusatz- und Anderskosten (aufwandsungleiche Kosten).

Als Nachteil des GKV ist zu berücksichtigen, daß für die Erfassung der Leistungen unterschiedliche Wertgrößen zugrundegelegt werden. So sind die Umsatzerlöse mit den realisierten Verkaufspreisen bewertet, während die Bestandsveränderungen zu Herstellkosten angesetzt sind, also den Gewinn aus der Veräußerung noch nicht enthalten. Dieses Problem ließe sich allerdings umgehen, wenn man die Bestandsveränderungen ebenfalls zu Verkaufspreisen ansetzt. Man muß sich jedoch bewußt sein, daß man in diesem Fall noch nicht realisierte Gewinne erfaßt und unterstellt, daß die Erzeugnisbestände zu den angesetzten Verkaufspreisen später auch tatsächlich abgesetzt werden können. Da diese Unterstellung sich nicht immer als realistisch erweisen dürfte, ist ein solches Vorgehen für Zwecke der Bestandsbewertung in der externen Rechnungslegung nicht zulässig, weil es zum Ausweis unrealisierter Gewinne führen würde.

Entscheidender Nachteil des GKV ist jedoch, daß die Erlöse und Bestandsveränderungen nach Produktarten gegliedert, die Gesamtkosten dagegen nach Kostenarten unterteilt sind. Man kann daher nur den (Gesamt)Betriebserfolg feststellen, nicht aber in welchem Umfang welches Produkt zum Betriebserfolg beigetragen hat. Zur Beantwortung dieser Frage wäre eine nach Kostenträgern gegliederte Erfolgsrechnung erforderlich, die wohl im Hinblick auf die jeder Vollkostenrechnung immanente Problematik der Gemeinkostenschlüsselung in der Praxis aber kaum anzutreffen ist. Das GKV als Verfahren der kurzfristigen Erfolgsrechnung ist daher für Mehrproduktunternehmen weniger geeignet als für Einproduktunternehmen.

Demgegenüber ist das UKV als kostenträgerorientiertes Verfahren für die kurzfristige Erfolgsrechnung bei Mehrproduktunternehmen grundsätzlich besser geeignet, indem es z. B. ohne weiteres als Artikelerfolgsrechnung durchgeführt werden kann. Im Vergleich zum GKV ist es daher möglich festzustellen, welches Produkt in welchem Maße zum Betriebserfolg beigetragen hat. Trotz dieser Vorzüge gegenüber dem GKV ist aber auch das UKV, wenn es auf Vollkosten basiert, nur beschränkt für eine echte Erfolgsanalyse verwendbar. Dies ist darauf zurückzuführen, daß Vollkosten leicht zu dem Fehlschluß führen, die in ihnen enthaltenen, kurzfristig nicht abbaubaren Fixkosten würden sich proportional zur Beschäftigung verhalten. Der Sachverhalt läßt sich an folgendem Beispiel verdeutlichen:

Produkt	A	B	C	D	E
Verkaufspreis/Stück	12,—	7,—	6,—	5,—	50,—
Variable Kosten/Stück	6,—	4,—	2,—	3,—	28,—
proportionalisierte Fixkosten/Stück	3,—	6,—	2,—	1,—	18,—
Nettogewinn/Stück	3,—	—3,—	2,—	1,—	4,—
Rangfolge der Nettogewinne	(2)	(5)	(3)	(4)	(1)
Absatzmenge	10	20	35	40	5
Umsatzerlös	120	140	210	200	250
volle Selbstkosten	90	200	140	160	230
Nettoergebnis/Produkt	30	—60	70	40	20
Betriebsergebnis (= gesamtes Nettoergebnis)	100				

Abb. 24: Betriebsergebnis auf Vollkostenbasis nach dem Umsatzkostenverfahren

Das ermittelte Nettoergebnis/Produktart legt den Schluß nahe, das vermeintlich verlustbringende Produkt B aus dem Programm zu nehmen. Durch den Wegfall dieses negativen Nettoergebnisses müßte dann der Betriebsgewinn um 60 auf 160 steigen. Das Gegenteil ist jedoch richtig, denn durch den Wegfall der Deckungsbeiträge (Erlöse minus variable Kosten) sinkt das Betriebsergebnis um 60 auf nur noch 40, da die dem Produkt B zugerechneten Fixkostenanteile nicht wegfallen. Werden diese Fixkostenanteile auf andere Produkte umgelegt, kann auch bei diesen ein negatives Nettoergebnis auftreten.

Solche Fehlentscheidungen lassen sich nur durch eine auf Teilkosten basierende Erfolgsrechnung sicher vermeiden.

3. Kalkulationsverfahren der Kostenträgerstückrechnung

a) Überblick und Systematik

Die Kalkulation als Kostenträgerstückrechnung wird durch Umdimensionierung von Periodengrößen in Stückgrößen aus der Kostenträgerzeitrechnung abgeleitet. Dabei lassen sich die Verfahren der Divisionskalkulation und der Zuschlagskalkulation, jeweils in verschiedenen Varianten, als Hauptgruppen von Kalkulationsverfahren bei nicht verbundener Produktion unterscheiden. Bei (verbundener) Kuppelproduktion wird dagegen nach der Verteilungs- oder der Restwertmethode kalkuliert. Einen Überblick gibt Abbildung 25.

Nach dem zugrunde liegenden Kostenrechnungssystem unterscheidet man ferner Voll- und Teilkostenkalkulationen. Diese wiederum lassen sich in Nachkalkulationen auf Ist-, Normal- oder Standardkostenbasis und Vorkalkulationen auf Plankostenbasis unterteilen (s. oben Kapitel 1, B.III.2.).

Die Frage, welches Verfahren zweckmäßigerweise anzuwenden ist, hängt von der Tiefe des Fertigungsprogramms ab. Ist die Produktion einfach strukturiert (Einproduktunternehmen oder kostenverwandte Sortenfertigung), eignet sich die Divisionskalkulation oder die Äquivalenzziffernrechnung. Bei Mehrproduktunternehmen mit mehrstufiger Fertigung ist dagegen wegen der Möglichkeit einer besseren Kostenzuordnung nach dem Verursachungsprinzip eine Zuschlagskalkulation mit Kostenstellenbildung vorzuziehen. Unabhängig vom Kalkulationsverfahren ist die Frage, ob man mit Ist-, Normal- oder Plankosten kalkuliert.

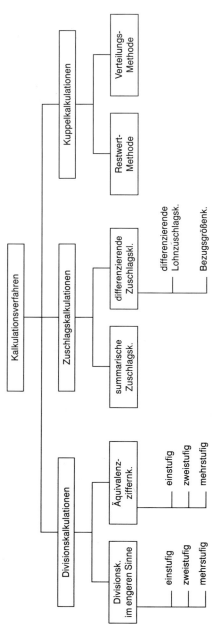

Abb. 25 Kalkulationsverfahren der Kostenträgerstückrechnung
[Quelle: Haberstock, Grundzüge der Kosten- und Erfolgsrechnung]

b) Einfache und mehrstufige Divisionskalkulation

Divisionskalkulationen sind dadurch gekennzeichnet, daß stets die Gesamtkosten des Betriebs oder einzelner Betriebsteile durch Division auf die hergestellten (GKV) oder abgesetzten (UKV) Leistungen verteilt werden. Bei der einstufigen Divisionskalkulation als der einfachsten Form dividiert man die Gesamtkosten der Abrechnungsperiode (K_T) durch die in dieser Periode produzierten oder abgesetzten Kostenträger (x) und erhält die Selbstkosten pro Stück (k_x).

$$k_x = K_T / x$$

Dieses Verfahren führt nur dann zu einem befriedigenden Ergebnis, wenn es sich um ein Einproduktunternehmen handelt, keine Lagerbestandsveränderungen auf Zwischenstufen der Fertigung (Halbfertiglager) und keine Unterschiede zwischen Produktions- und Absatzmenge (Fertiglager) entstehen. Dies ist aber in der Praxis meist nicht der Fall, so daß das Verfahren allenfalls für einzelne Teilbereiche des Betriebs in Betracht kommt.

Sollten Unterschiede zwischen Produktions- und Absatzmengen bestehen, kann eine zweistufige Divisionskalkulation angewendet werden. Dabei werden die gesamten Herstellkosten (K_{HK}) und Vertriebskosten (K_{VV}) je Kostenträger jeweils getrennt ermittelt und durch die Produktions- bzw. Absatzmenge (x_p bzw. x_a) dividiert. Hierfür ist bereits eine einfache funktionale Kostenstellenrechnung notwendig. Die Selbstkosten (k_x) ergeben sich aus der Addition der beiden Komponenten:

$$k_x = k_{xp} + k_{xa} = (K_{HK} / x_p) + (K_{VV} / x_a)$$

Beispiel:
Ein Unternehmen produziert in einer Periode 1000 Stück und verkauft 500. Die Gesamtkosten der Periode belaufen sich auf DM 50.000, davon sind DM 8000 Verwaltungs- und Vertriebskosten. Die Selbstkosten betragen mithin:

$$k_x = (42000/1000) + (8000/500) = 42 + 16 = 58$$

Die auf Lager gegangenen 500 Stück sind in der Bilanz mit Herstellungskosten zu aktivieren. Diese dürfen wahlweise auch anteilige Verwaltungskosten enthalten. Soll von diesem Wahlrecht Gebrauch gemacht werden, wäre eine zusätzliche Differenzierung zwischen Verwaltungs- und Vertriebskosten erforderlich, da die Aktivierung der Vertriebskosten nicht zulässig ist.

Bei der Bildung von Zwischenlägern ist eine mehrstufige Divisions-kalkulation erforderlich. Dazu bedarf es schon einer auch nach Ferti-gungsstufen differenzierenden Kostenstellenrechnung. Ähnlich wie bei der zweistufigen Kalkulation werden zunächst die gesamten Ko-sten jeder Produktionsstufe durch die dort bearbeiteten Mengen divi-diert. Jede Produktionsstufe gibt ihre Leistungen zu den bis dahin angefallenen Stückkosten an die nachgelagerte Stufe oder an ein Zwischenlager ab. Die Gesamtkosten der nächsten Stufe setzen sich dann aus den Kosten der Vorstufe und den eigenen Kosten zusam-men; sie werden wiederum durch die Leistungen der Stufe dividiert, usw. bis zum Fertiglager. Lagerbestandsveränderungen werden also in jeder Stufe berücksichtigt.

c) Äquivalenzziffernkalkulation

Das Verfahren der Divisionskalkulation versagt bei Mehrproduktbe-trieben. Es kann in modifizierter Form durch Einführung von sog. Äquivalenzziffern lediglich noch bei Betrieben mit Sortenfertigung (Herstellung artverwandter Produkte, z. B. Bier- oder Zigarettensor-ten) angewandt werden. Dabei werden die artverwandten Produkte mit Hilfe von Äquivalenzziffern (Kostengewichtungsfaktoren) zu einer beliebig festgelegten „Einheitssorte" in Beziehung gesetzt. Auch hier kann je nach Zwischenlagerbildung wieder eine Verteilung in einer oder mehreren Abrechnungsstufen notwendig sein.

Die Äquivalenzziffer gibt an, in welchem Verhältnis die Kosten eines Produktes zu den Kosten des „Einheitsprodukts" mit der Äquivalenz-ziffer 1 stehen. Verursacht eine Sorte A 50% mehr und die Sorte C 20% weniger Kosten als die Sorte B, so läßt sich das Verhältnis der Kostenverursachung in folgender Äquivalenzziffernreihe darstellen:

Sorte	Äquivalenz-ziffer
A	1,5
B	1,0
C	0,8

Multipliziert man die Menge der hergestellten Produkte jeder Sorte mit diesen Äquivalenzziffern, erhält man die Produktmengen in Re-cheneinheiten (Anzahl der äquivalenten Einheitsprodukte). Die Voll-kosten pro Recheneinheit (k) ergeben sich aus der Beziehung

$$k = \frac{\text{Gesamtkosten}}{\text{Summe der Recheneinheiten}}$$

(1)	(2)	(3)	(4) = (9) · (8)	(5) = (3) + (4)	(6)	(7)	(8) = (6) ± (7)	(9) = (5) : (6)
Produktionsstufen n	Einsatzmenge der Stufe n	Verarbeitungskosten der Stufe n	Kosten der jeweiligen Vorstufe n − 1	Gesamtkosten Stufe n	Ausbringungsmengen der Stufe n	Lageraufbau (—), Lagerabbau (+)	In die Weiterverarbeitung gehende Menge	Stückkosten bis Stufe n
1	10500 kg	30000 DM	—	30000 DM	10000 kg→	−1000 kg	→9000 kg	3 DM/kg
2	9000 kg	24000 DM	27000 DM	51000 DM	8500 kg	—	8500 kg	6 DM/kg
3	8500 kg	61000 DM	51000 DM	112000 DM	8000 kg→	+ 800 kg	→8800 kg	14 DM/kg
4	8800 kg	52800 DM	123200 DM	176000 DM	8800 kg→	+ 500 kg	→9300 kg	20 DM/kg
5	9300 kg	39000 DM	186000 DM	225000 DM	9000 kg	—	—	25 DM/kg

Abb. 26: Weiterwälzung der Herstellkosten bei der mehrstufigen Divisionskalkulation mit Lagerbestandsveränderungen
[Quelle: Hummel/Männel, Kostenrechnung 1]

Multipliziert mit der sortenspezifischen Äquivalenzziffer ergeben sich daraus die Stückkosten pro Sorte.

Beispiel:
Für die Sorten A, B und C mit der o.g. Äquivalenzziffernreihe fallen in einer Fertigungsperiode laut Kostenartenrechnung insgesamt 46.800, DM an. Es ergeben sich folgende Stückkosten pro Sorte:

1	2	3	4	5	6
Sorte	Hergestellte Produkte	Äquiv. ziffer	Produktmenge in Rechen- einheiten (Sp. 2 × Sp. 3)	Gesamtkosten der Sorten (Sp. 4 × k)	Kosten pro Stück (Sp. 5:Sp. 2)
A	400	1,5	600	27000	67,50
B	200	1	200	9000	45,—
C	300	0,8	240	10800	36,—
Summen	900		1040	46800	

Abb. 27: Stückkostenermittlung mit Äquivalenzziffern

Die Aussagefähigkeit der Rechnung läßt sich durch eine Aufteilung der Gesamtkosten der Recheneinheiten (Spalte 5) in fixe und variable Kosten weiter verbessern. Zur Berücksichtigung von Lagerbestandsveränderungen kann die Rechnung außerdem zwei- oder mehrstufig aufgebaut werden. In diesem Fall muß mit zwei bzw. mehreren Äquivalenzziffernreihen gearbeitet werden. Wie das Beispiel zeigt, ist jedoch die zutreffende Ermittlung von Äquivalenzziffern stets Voraussetzung für die Anwendbarkeit des Rechenverfahrens. Sofern die Ziffern die tatsächliche Kostenverursachung nicht adäquat widerspiegeln, ist das Verfahren für die Kostenkalkulation nicht brauchbar.

d) Zuschlagskalkulationen

Bei Betrieben mit Serien- oder Auftragsfertigung fehlen die Voraussetzungen für die Divisionskalkulation. Diese Betriebe sind durch ein mehrstufiges Fertigungsprogramm mit laufenden Veränderungen der Halb- und Fertigungsfabrikateläger auf den einzelnen Stufen gekennzeichnet. Für sie kommen daher Zuschlagskalkulationen in Frage.

Im Gegensatz zur Divisionskalkulation geht das Verfahren der Zuschlagskalkulation bereits von einer Trennung zwischen Einzel- und

Gemeinkosten aus. Dabei werden die Selbstkosten der Leistungseinheiten bzw. Aufträge dadurch ermittelt, daß die spezifischen Einzelkosten den Kostenträgern direkt zugeordnet und die Gemeinkosten mit Hilfe von Zuschlags- und Verrechnungssätzen indirekt auf das Produkt verrechnet werden. Man unterscheidet im wesentlichen vier Verfeinerungsstufen.

(1) Bei der *summarischen Zuschlagskalkulation* verzichtet man auf eine Differenzierung nach Betriebsbereichen oder Kostenstellen und verrechnet die Gemeinkosten als einen geschlossenen Block (Fixkostenblock) auf die Kostenträger. Der Zuschlagssatz in Prozent ermittelt sich dabei wie folgt:

$$\text{Zuschlagssatz} = \frac{\text{Summe der Kostenträger-Gemeinkosten}}{\text{Summe der Einzelkosten}} \times 100$$

Der so errechnete Zuschlagssatz wird dann als Gemeinkostenanteil den jeweiligen Einzelkosten pro Kostenträger zugeschlagen. Für die Kalkulation eines bestimmten Produktes mit direkt erfaßten Einzelkosten von 100 DM lautet die Rechnung dann beispielsweise:

Summe der Einzelkosten	100 DM
+ 70 % Gemeinkostenzuschlag	70 DM
= Summe der Selbskosten	170 DM

Bei diesem Verfahren wird unterstellt, daß die Gemeinkosten sich proportional zu der Zuschlagsbasis verhalten. Diese grob vereinfachende Relation zwischen einer Bezugsgröße und großen Teilen der Gemeinkosten entspricht jedoch kaum der Realität; die Proportionalität ist allenfalls bei den variablen Gemeinkosten, nicht aber bei den Fixkosten gegeben. Die Abweichung zwischen den verrechneten und den tatsächlichen Kosten wäre damit umso größer, je mehr die Beschäftigung schwankt. Das Verfahren ist deshalb allenfalls dann anwendbar, wenn der Anteil der Gemeinkosten an den Gesamtkosten relativ gering ist.

(2) Eine Verbesserung des Verfahrens ist in der *differenzierenden Zuschlagskalkulation* zu sehen. Dabei werden die Gemeinkosten nicht mehr summarisch, sondern als Zuschlag auf unterschiedliche Bezugsgrößen nach Betriebsbereichen differenziert verrechnet. Die folgende Abb. 28 zeigt ein in der Praxis verbreitetes Minimalgliederungs-Schema.

Material-Einzelkosten + Material-Gemeinkosten	Material- kosten		Gesamt- kosten (Selbst- kosten) pro Mengen- einheit
+ Fertigungslohn-Einzelkosten I + Fertigungs-Gemeinkosten I	Fertigungs- kosten	Herstell- kosten	
+ Fertigungslohn-Einzelkosten II + Fertigungs-Gemeinkosten II			
+ Fertigungslohn-Einzelkosten III + Fertigungs-Gemeinkosten III			
+ Verwaltungs-Gemeinkosten			
+ Vertriebs-Gemeinkosten			
+ (etwaige) Sonder-Einzelkosten des Vertriebs			

Abb. 28: Schema einer nach Kostenstellen differenzierenden Zuschlagskalkulation
[Quelle: Schierenbeck, Grundzüge der Betriebswirtschaftslehre]

Zuschlagsgrundlage sind dabei traditionell für die Material- und Fertigungsgemeinkostenzuschläge, die Material- bzw. Fertigungs*einzelkosten* und für die Verwaltungs- und Vertriebskostenzuschläge die Produkt*herstellkosten*. Dies unterstellt, daß ein bestimmter funktionaler Zusammenhang zwischen z.B dem Fertigungsmaterial und den Materialgemeinkosten besteht.

Beispiel:

	Produkt A	Produkt B
1 Fertigungsmaterial (FM) 2 + MaterialGK (15 % auf FM)	80 12	120 18
3 = Materialkosten	92	138
4 Fertigungslohn (FL) 5 + LohnGK (80 % auf FL) 6 + Sondereinzelkosten der Fertigung	40 32 16	50 40 12
7 Fertigungskosten	88	102
8 Herstellkosten (Zeilen 3 + 7)	180	240
9 Verwaltungskosten (15 % der HK) 10 Vertriebskosten (20 % der HK)	27 36	36 48
11 Selbstkosten ($\sum$ Zeilen 8—10)	243	324

Abb. 29: Beispiel einer einfachen Zuschlagskalkulation

(3) Eine weitere Verbesserung läßt sich durch eine *kostenstellenbezogene Zuschlagskalkulation* erreichen. Dabei werden die Zuschlagssätze nicht mehr für den Gesamtbetrieb, sondern für jede einzelne Kostenstelle ermittelt und entsprechend der Inanspruchnahme der Kostenstelle auf die Kostenträger verrechnet. Ausgangspunkt ist die Kostenstellengliederung des Betriebsabrechnungsbogens. Im übrigen entspricht der Verfahrensablauf dem der differenzierenden Zuschlagskalkulation. Die jeweiligen kostenstellenbezogenen Zuschlagssätze werden in derselben Weise wie bei der summarischen Zuschlagskalkulation berechnet und ergeben sich pro Kostenstelle aus der Relation der Periodengemeinkosten zu den Periodeneinzel- bzw. -herstellkosten. Sie können – wie die nachfolgende Abbildung 30 zeigt – dem Betriebsabrechnungsbogen entnommen werden.

Das vorstehende Ablaufdiagramm eines BAB zeigt, daß die einzelnen Kostenarten – getrennt nach Einzel- und Gemeinkosten - auf die sie betreffenden Kostenstellen verteilt werden. Die Kostenstellen sind gegliedert nach Allgemeinen Kostenstellen, Hilfskostenstellen und Hauptkostenstellen des Materialbereichs, der Fertigung, der Verwaltung und des Vertriebs (vgl. dazu oben S. 88).

Kostenstellen / Kostenarten	Kosten lt. Kostenartenrechnung zu Wiederbeschaffungskosten (TDM)	Allg. Kostenstellen		Fertigungshilfskostenstelle	Fertigungshauptkostenstellen			Materialstellen	Verwaltungs- und Vertriebs-Stellen	Summen (Querkontrolle)
		Kraftzentrale	Fuhrpark	Schreinerei	Dreherei	Lackiererei	Endmontage			
1 Fertigungsmaterial	50,0							50,0	—	50,0
2 Fertigungslöhne	40,0				11,0	16,0	13,0	—		40,0
3 Hilfs-/Betriebsstoffe	8,0	1,0	—	2,0	2,0	2,0	1,0	—	—	8,0
4 Hilfslöhne	6,0	0,5	1,0	1,0	0,5	1,0	1,0	0,6	0,4	6,0
5 Gehälter	15,0	2,0	1,0	0,5	1,0	2,0	1,5	4,4	2,6	15,0
6 Energie (Fremdbezogen)	6,0	—	—	1,0	2,5	0,5	1,0	0,5	0,5	6,0
7 kalk. Abschreibungen	5,0	0,5	0,3	0,2	0,8	1,2	1,0	0,4	0,6	5,0
8 kalk. Wagnisse	4,0	0,5	0,5	—	1,2	0,8	0,2	—	0,8	4,0
9 kalk. Zinsen	4,0	0,5	0,2	0,3	1,0	0,5	1,3	0,1	0,1	4,0
10 Summe Gemeinkosten	48,0	5,0	3,0	5,0	9,0	8,0	7,0	6,0	5,0	48,0
11 Umlage Allgemeine Kostenstellen		-5,0	0,2	0,3	1,0	1,5	1,0	0,5	0,5	0,0
12			-3,2	0,2	0,2	0,4	0,6	0,8	1,0	0,0
Summe nach 13 Umlage Allg. Kostenstellen				5,5	10,2	9,9	8,6	7,3	6,5	48,0
14 Umlage Fertigungs-Kostenstellen				-5,5	3,0	1,1	1,4	—	—	0,0
15 Kosten der Hauptkostenstellen					13,2	11,0	10,0	7,3	6,5	48,0

Abb. 30: Ablaufdiagramm einer Zuschlagskalkulation mit Kostenstellenbildung mit Hilfe eines Betriebsabrechnungsbogens

Nachdem alle Gemeinkosten direkt oder durch Schlüsselung auf die Hauptkostenstellen verrechnet wurden, erfolgt die Weiterverrechnung durch Zuschlag auf die Einzelkosten der Kostenträger. Dieser Verrechnungsprozeß läuft im obigen Beispiel technisch wie folgt ab:

(a) Ermittlung der Zuschlagsätze und der Herstellkosten

(1) Materialgemeinkostensatz:

$$\frac{\text{Materialgemeinkosten}}{\text{Fertigungsmaterial}} = \frac{7,3}{50,0} \times 100 = 14,6\,\%$$

(2) Fertigungshauptkostenstellensatz pro Kostenstelle

$$\frac{\text{Fertigungsgemeinkosten}}{\text{Fertigungslohn}}$$

Die Sätze betragen für die

Dreherei: $\dfrac{13,2}{11,0} = 120\,\%$

Lackiererei: $\dfrac{11,0}{16,0} = 68,75\,\%$

Endmontage: $\dfrac{10,0}{13,0} = 76,92\,\%$

(3) Zusammensetzung der Herstellkosten:

Materialeinzelkosten	50,0
Materialgemeinkosten	7,3
Fertigungslöhne	40,0
Fertigungsgemeinkosten	34,2
Herstellkosten	131,5

(4) Verwaltungs- und Vertriebskostenzuschlagssatz aus Vereinfachungsgründen zusammengefaßt):

$$\frac{\text{Verwaltungs- u. Vertriebskosten}}{\text{Herstellkosten}}$$

$$\frac{6,5}{131,5} = 4,94\,\%$$

(b) Anwendung der Zuschlagsätze

(1) Zur Kalkulation der einzelnen Produkte A, B und C werden die durch Lohn- und Materialaufzeichnungen direkt zurechenbaren Fertigungsmaterialien und Fertigungslöhne ermittelt. Hierauf werden die oben berechneten prozentualen Gemeinkostenzuschläge zur Ermittlung der Herstellkosten der Produkte verrechnet. Diese bilden die Basis für die Gemeinkostenzuschläge für Verwaltungs- und Vertriebskosten. Das Ergebnis sind die Selbstkosten des Produktes. Wird darauf ein Gewinnaufschlag verrechnet, ergibt sich ein kalkulierter „langfristiger Angebotspreis".

Für das Produkt A könnte sich diese Rechnung wie folgt darstellen:

Fertigungsmaterial (einzeln erfaßt)	18,00	
+ Materialgemeinkostenzuschlag 14,6 %	2,63	
= Materialkosten A		20,63
Fertigungslohn Dreherei (einzeln erfaßt)	5,00	
+ Fertigungsgemeinkosten Dreherei (120 % v. 5,00)	6,00	
+ Fertigungslohn Lackiererei (einzeln erfaßt)	7,00	
+ Fertigungsgemeinkosten Lackiererei (68,75 % von 7,00)	4,81	
+ Fertigungslohn Endmontage (einzeln erfaßt)	4,50	
+ Fertigungsgemeinkosten Endmontage (76,92 % von 4,50)	3,46	
= Fertigungskosten A		30,77
Herstellkosten (= Material- und Fertigungskosten)		51,40
+ Verwaltungs- und Vertriebskosten (4,94 % von 51,40)		2,54
= Selbstkosten		53,94
+ Gewinnzuschlag (z. B. 20 % auf Selbstkosten)		10,79
= kalkulierter Angebotspreis		64,73

(2) Die Verwendung der Fertigungslöhne als Zuschlagsbasis für die Verrechnung von Fertigungsgemeinkosten ist aus mehreren Gründen nicht unproblematisch. Es handelt sich zum einen um eine Größe, deren Bestimmungsfaktoren nicht gleichzeitig Bestimmungsfaktoren für die Veränderungen der zu schlüsselnden Gemeinkosten sind. Darüber hinaus ergibt sich häufig eine ungünstige Relation zwischen Fertigungslohn und zu verrechnenden Gemeinkosten, so daß sich häufig Zuschlagssätze von mehr als 100 % ergeben. Dies hat

zur Folge daß in der Zuschlagsgrundlage enthaltene Fehler sich über den Zuschlagssatz bei den verrechneten Gemeinkosten zu einem Mehrfachen kumulieren.

Über eine Differenzierung nach Kostenstellen hinaus wird daher versucht, das Verfahren weiter zu verfeinern, indem anstelle der Fertigungseinzelkosten je Kostenstelle *als Zuschlagsbasis andere Bezugsgrößen*, insbesondere Mengengrößen (Akkordzeiten, Maschinenzeiten, Gewichte u.ä.) verwendet werden (*Bezugsgrößenkalkulation*). Man geht dabei von der Überlegung aus, daß zahlreiche Gemeinkosten z. B. direkt mit der Laufzeit der in Anspruch genommenen Maschinen korrelieren. Dementsprechend werden die nach Kostenstellen differenziert erfaßten Gemeinkosten nach den jeweils in Anspruch genommenen Maschinenstunden auf die Kostenträger verteilt (Maschinenstundensatzrechnung). Dadurch lassen sich die spezifischen Schwächen des Fertigungslohns als Zuschlagsbasis vermeiden.

Die Bezugsgrößenkalkulation, die auf den Erkenntnissen der Produktions- und Kostentheorie basiert, führt in der praktischen Anwendung konsequenterweise zur Grenzkostenrechnung und wohl auch zur Plankostenrechnung. Richtig angewandt, verfügen die Betriebe damit über ein wertvolles Instrument zur Unterstützung von Optimierungsentscheidungen.

e) Kalkulation von Kuppelprodukten

Die Kuppelproduktion ist dadurch gekenzeichnet, daß in ein und demselben Produktionsprozeß aufgrund chemischer oder technischer Abläufe zwangsläufig mehrere verschiedene Erzeugnisse entstehen. Beispiele findet man vor allem in der chemischen Industrie und bei der Herstellung von Erdölprodukten. Aufgrund der untrennbaren Kopplung des Herstellungsprozesses bei der Kuppelproduktion ist auch die Kalkulation der Herstellkosten *einzelner* Kuppelprodukte ohne gleichzeitige Berücksichtigung der anderen Produkte nicht willkürfrei möglich. Die Praxis behilft sich daher mit Näherungsrechnungen.

Dabei lassen sich die Restwertmethode und die Verteilungsmethode unterscheiden. Die *Restwertmethode* wird angewandt, wenn eines der verschiedenen Kuppelprodukte als Hauptprodukt und die anderen als Nebenprodukte angesehen werden können. In diesem Fall werden die Nettoerlöse der Nebenprodukte von den gesamten Herstellkosten der Kuppelproduktion abgezogen. Der verbleibende Rest

gilt als Herstellkosten des Hauptprodukts. Zur Ermittlung der Selbstkosten werden noch anteilige Verwaltungs- und Vertriebskosten zugeschlagen. Man unterstellt also, daß bei der Restwertmethode die
Nebenprodukte keine Gewinne bringen. Trotzdem ist es denkbar,
daß die Erlöse der Nebenprodukte die Gesamtkosten decken, so daß
für das Hauptprodukt keine Kosten mehr zu verrechnen wären.

Bei der *Verteilungsmethode* werden die angefallenen Gesamtkosten
anhand von Schlüsselgrößen, die das Verhältnis der tatsächlichen
Kostenverursachung widerspiegeln sollen, auf die einzelnen Kuppelprodukte aufgeteilt. Als Schlüsselgrößen werden dabei in der Regel
Marktpreise oder technische Größen verwendet.

Da die Methoden der Kuppelkalkulation nicht den Anforderungen
des Verursachungsprinzips genügen, sind sie für Zwecke einer Ein-
zelkalkulation nicht brauchbar. Die spezifischen „Kosten" der einzelnen Kuppelprodukte werden aber für die bilanzielle Bestandsbewertung benötigt. Für Kalkulationszwecke ist dagegen nur eine Gesamt-
betrachtung der Kuppelprodukte sinnvoll.

C. Unterschiede zur Kosten- und Leistungsrechnung auf Vollkostenbasis in der DDR

Die Unterschiede zwischen der Kosten- und Leistungsrechnung auf
Vollkostenbasis in der DDR und in der Bundesrepublik sind insbesondere auf die unterschiedlichen Zielsetzungen der Unternehmungen
(in der Terminologie der DDR „Betriebe") zurückzuführen. So bestehen zwar Planungs-, Kontroll- und Dokumentationsaufgaben der Kostenrechnung in beiden Gesellschaftssystemen gleichermaßen, sie
werden jedoch mit unterschiedlichen Zielsetzungen ausgeführt.

Die Ziele der Kostenrechnung in der DDR orientieren sich vorrangig
an den Zielen der Planwirtschaft bzw. des Staates. So ist z. B. die
Preisfestsetzung für Produkte auf der Grundlage der ermittelten
Selbstkosten eine staatliche Aufgabe im Rahmen einer makroökono-
mischen Gesamtplanung. Der Preis wird aus den Produktionskosten,
die aus Vergangenheitsdaten oder analytischen Plandaten ermittelt
werden, abgeleitet, ggf. zuzüglich eines Gewinnzuschlags. In der
Bundesrepublik ist dagegen die Preiskalkulation keine eigentliche
Aufgabe der Kostenrechnung (mehr).

Unterschiede ergeben sich auch bei dem Begriff der Kosten. In der Bundesrepublik werden die Kosten aus den am Markt gezahlten Einstandspreisen, in denen sich die individuellen Nutzenvorstellungen und die Güterknappheiten widerspiegeln, abgeleitet. Daraus ergibt sich der Kostenbegriff als sachzielbezogener bewerteter Güterverbrauch. In der DDR dagegen wurden die Kosten bislang nach der marxistischen Arbeitswertlehre bestimmt, wonach der Wert eines Gutes dem für seine Herstellung notwendigen gesellschaftlichen Arbeitsaufwand entspricht. Dieser „Arbeitsaufwand" wird staatlich ermittelt und bewertet. Die Kosten entsprechen also nicht den tatsächlichen Knappheitsverhältnissen.

Ein weiterer, allerdings geringfügiger Begriffsunterschied besteht bei den Stückkosten, die in der DDR bislang als Einheitskosten bezeichnet wurden, was leicht zu Verwechslungen mit dem Begriff der Standardkosten führen könnte.

Neben dem Absatzpreis wurden bei der staatlichen Gesamtplanung in der DDR sog. „normative Kosten" für Kostenarten, Kostenstellen und Kostenträger festgelegt. Diese normativen Kosten wurden in einer Abweichungsrechnung, die der Wirtschaftlichkeitskontrolle und der Quantifizierung der Planerfüllung dient, mit den Istkosten verglichen. Da die normativen Kosten staatlich vorgegeben sind, entsprechen sie nur sehr bedingt den Plan- bzw. Prognosekosten in der Bundesrepublik. Auch den Normal- oder Standardkosten sind sie nur bedingt vergleichbar, weil die normativen Kosten nicht aus Marktpreisen abgeleitet wurden.

Da eine gesamtwirtschaftliche Planung aufgrund der unvollkommenen Informationen und der Komplexität des Planungsproblems (Datenmenge, Interdependenzen, Zeitbedarf) keine Detailplanung sein kann, ergeben sich für die einzelnen Betriebe gewisse Handlungsspielräume. Ziel der Betriebe ist dabei meist eine langfristige Prämienmaximierung. Diese Größe hängt von dem Grad der „Planerfüllung", gemessen durch ein betriebsspezifisches Kennzahlensystem, ab. Tendenziell haben die Betriebe daher versucht, ihre Kosten unter die vorgegeben normativen Kosten zu senken. Weil die normativen Kosten späterer Jahre aber stets mehr oder weniger aus den Istkosten der vergangenen Perioden abgeleitet wurden, bestand ein zeitlicher Zusammenhang zwischen der jetzigen und der späteren Prämienhöhe, mit der Folge, daß die Kosten nicht zu sehr gesenkt werden durften, um noch Spielräume für spätere Prämien zu haben.

Dies zeigt die Schwächen der Kostenrechnung als Instrument der Wirtschaftlichkeitskontrolle in der DDR.

Die Kostenrechnung in der Bundesrepublik ist nicht gesetzlich geregelt, weil sie nur internen Zwecken dient, so daß die Unternehmen in der Anwendung ihrer Verfahren völlig frei sind. Im Gegensatz dazu waren in der DDR eine Reihe von Vorschriften zu beachten, die die Handlungsspielräume der Betriebe im gesamtwirtschaftlichen Interesse einschränken sollten. Beispielsweise ist in der Kostenartenrechnung ein bestimmter Kontenrahmen gesetzlich vorgeschrieben, während es in der Bundesrepublik allenfalls Empfehlungen und Richtlinien gibt, aus denen meist ein betriebsindividueller Kontenplan abgeleitet wird.

In der DDR ist den Betrieben überdies das anzuwendende Kalkulationsverfahren vorgeschrieben, während es für bundesdeutsche Unternehmen von ihrer jeweiligen Zielsetzung abhängt, welches Verfahren sie als geeignet ansehen. Unternehmen in der Bundesrepublik können wahlweise Ist-, Normal- oder Plankosten als Bewertungsgrundlage verwenden. In der DDR waren die Kosten dagegen wegen der vorrangigen Bedeutung der Kontrollfunktion stets mit den Istpreisen zu bewerten.

Zur Anpassung an geänderte Wiederbeschaffungspreise wurden dafür die Bruttowerte und der bereits eingetretene Verschleiß bei den Grundmitteln (im wesentlichen Anlagevermögen in hiesiger Terminologie) von Zeit zu Zeit (zuletzt 1986) mit festgelegten Umrechnungsfaktoren (sog. Richtungskoeffizienten) umbewertet. Bei den Abschreibungen war in der DDR ferner grundsätzlich die lineare Methode anzuwenden, sofern nicht andere Methoden zugelassen wurden. In der Bundesrepublik besteht insoweit ein Methodenwahlrecht.

3. Kapitel: Darstellung der verschiedenen Teilkostenrechnungsverfahren

A. Grenzen der Vollkostenrechnung und Aussagefähigkeit von Teilkostenrechnungs-Systemen

Zur Beurteilung der Aussagefähigkeit von Systemen der Vollkostenrechnung muß untersucht werden, ob sie die mit ihnen verfolgten Ziele erfüllen können. Vollkostenrechnungen auf Istkostenbasis vermitteln Informationen über den tatsächlich realisierten Unternehmungsprozeß. Wird die Rechnung auf Basis von Plan- oder Normalkosten durchgeführt, liefert sie (als Prognosekostenrechnung) *zusätzlich* Informationen über den künftig erwarteten Unternehmungsprozeß. Als Normalkostenrechnung liefert sie Informationen über die „normale" bzw. wirtschaftlichste Durchführung des Unternehmensprozesses. Voraussetzung für die Aussagefähigkeit der Rechnungen ist dabei stets eine dem Verursachungsprinzip entsprechende Kostenverteilung.

An diesem Punkt, d. h. vor allem an der Zurechnung von Gemeinkosten und Fixkosten auf Kostenstellen und Kostenträger setzt die Kritik an den Systemen der Vollkostenrechnung an, weil eine derartige Zurechnung von vornherein nicht verursachungsgerecht möglich sei. Da zwischen den Gemeinkosten und den Kostenstellen bzw. Kostenträgern, denen sie zugerechnet werden, keine direkten Beziehungen bestehen (wie sich schon aus dem Begriff ergibt), ist eine Gemeinkostenschlüsselung stets mehr oder weniger willkürlich. Sie wäre nur zu rechtfertigen, wenn die Schlüsselung der Erfüllung bestimmter Rechnungsziele dient.

Entsprechendes gilt von den durch die Kapazität der Unternehmung bestimmten Fixkosten, die durch die tatsächlich realisierte Ausbringungsmenge nicht mehr beeinflußt werden. Sie sind als beschäftigungsunabhängige Kosten der Abrechnungsperiode anzusehen und können daher ebenfalls nicht willkürfrei auf einzelne Kostenträger umgelegt werden.

Daraus folgt, das Vollkostenrechnungen für die Planung und Steuerung des Unternehmungsprozesses auf kurze Sicht nicht geeignet sind. Ihr Vorteil liegt dagegen in der Möglichkeit einer langfristigen

Vorausrechnung zur Beurteilung der Überlebensfähigkeit der Unternehmung *bei gegebenen Absatzpreisen*. Hierfür geben die erwarteten Kosten der Betriebsbereitschaft und die (vollen) Stückkosten bei geplanten Absatzmengen wichtige Entscheidungsgrundlagen.

Stückkosten sind dagegen für preispolitische Entscheidungen wiederum nicht geeignet, da in einer Marktwirtschaft die erzielbaren Preise von Angebot und Nachfrage am Absatzmarkt abhängen. Bei Verteilung sämtlicher Fixkosten auf die abzusetzenden Produkte führt jeder Beschäftigungsrückgang zu einer Erhöhung und jeder Beschäftigungsanstieg zu einer Senkung der Stückkosten. Sofern die Unternehmung ihre Preisforderungen an den Stückkosten orientiert, kann dies zur Folge haben, daß sie bei einem Beschäftigungsrückgang ihre Produkte wegen der höheren Preise nicht absetzen kann, was zu einem weiteren Beschäftigungsrückgang führt. Bei steigender Nachfrage nutzt die Unternehmung dagegen Preissteigerungs- und damit Gewinnerzielungspotentiale nicht aus. Des weiteren kann die Berücksichtigung von Fixkosten bei Entscheidungen über die Herausnahme eines Produkts aus dem Produktionsprogramm aufgrund eines negativen Stückerfolgs zu Fehlern führen, wenn mit der sofortigen Herausnahme nicht zugleich auch anteilige Fixkosten wegfallen. In solchen Fällen kann die Entscheidung deshalb nur lauten, statt der sofortigen Herausnahme des Produkts aus dem Sortiment, die betreffende Kapazität nach Ablauf der Nutzungsdauer nicht wieder zu erneuern und das Produkt erst dann herauszunehmen.

Anders als für die Planung und Steuerung des Unternehmungsprozesses ist die Vollkostenrechnung für Zwecke der Ermittlung des Unternehmenserfolgs besser geeignet, denn zu diesem Zweck müssen stets die vollen Kosten des Abrechnungszeitraums berücksichtigt werden.

Aus der Kritik an den traditionellen Verfahren der Vollkostenrechnung entwickelte sich in späteren Jahren die Teilkostenrechnung. Der einzige und entscheidende Unterschied zu den Vollkostenverfahren ist dabei in dem geänderten Umfang der verteilten Kosten zu sehen. In der Vollkostenrechnung werden alle Kosten durch die Verwendung von Schlüsselgrößen vollständig auf die jeweiligen Bezugseinheiten verrechnet. Dabei wird suggeriert, es handele sich um eine Abbildung realer Zusammenhänge, obwohl die Höhe der Selbstkosten je Bezugseinheit von der Wahl der Schlüsselgröße abhängt und damit eine Ermessensentscheidung erfolgt.

Dagegen gilt für die Teilkostenrechnung der Grundsatz, nur solche Kosten zu verrechnen, die aus kostenrechnerischer Sicht entscheidungsrelevant sind. Was als relevant anzusehen ist, hängt wiederum von dem jeweiligen Verfahren der Teilkostenrechnung (Grenzkostenrechnung, Kostenrechnung mit relativen Einzelkosten) ab; zumindest wird aber eine Auflösung der Gesamtkosten in (beschäftigungs)variable und fixe Kosten durchgeführt. Dadurch wird erkennbar, welche Kostenteile den Leistungseinheiten aufgrund kausaler Beziehungen zugerechnet werden und bei welchen Kostenteilen die Zurechnung lediglich aufgrund einer mehr oder weniger willkürlichen Ermessensentscheidung erfolgen könnte.

Eine Trennung zwischen variablen und fixen Kosten ist grundsätzlich auch im System der Vollkostenrechnung möglich, so daß sich die Unterschiede zwischen beiden Systemen in diesem Fall *in bezug auf die Kostenspaltung* in fixe und variable Besandteile vermindern läßt. Der grundlegend unterschiedliche Umfang der verrechneten Kosten wird dadurch aber nicht berührt. Daran wird deutlich, daß die Unterschiede zwischen beiden Systemen weniger in der Kostenarten- und Kostenstellenrechnung, sondern vor allem in der Kostenträgerrechnung bestehen.

Der wesentliche Vorteil der Deckungsbeitragsrechnung besteht unter anderem darin, fehlerhafte Programmentscheidungen auf Basis von Vollkosten zu vermeiden, die vorkommen können, wenn die kalkulierten Vollkosten höher sind, als die erzielbaren Erlöse. Trotz einer unzureichenden Vollkostendeckung ist es nämlich betriebswirtschaftlich u. U. sinnvoller, ein Produkt im Programm zu belassen, solange es einen positiven Erzeugnis- oder Erzeugnisgruppen-Deckungsbeitrag erzielt, als es zu eliminieren und dafür die von dem Produkt bzw. der Produktgruppe getragenen, nicht abbaubaren Fixkosten auf andere Kostenträger verteilen zu müssen.

In allen Teilkostenrechnungssystemen ist allerdings stets gesondert zu berücksichtigen, daß ein Betrieb langfristig nur erhalten bleiben kann, wenn er durch seine Absatzpreise mindestens eine volle Deckung der Gesamtkosten erzielen kann. Es kann daher nicht sinnvoll sein, Preisverhandlungen mit Kunden generell unter dem Gesichtspunkt der Deckung der direkten variablen Kosten zu führen. Dies wäre nur dann angemessen, wenn es um die Hereinnahme eines nicht wiederkehrenden einmaligen Zusatzauftrags z. B. zur besseren Auslastung der Kapazitäten geht.

B. Verfahren der Teilkostenrechnung

I. Teilkostenrechnung auf Basis beschäftigungsabhängiger (variabler) Kosten

1. Einfaches Direct Costing

Dieses häufig auch Grenzkostenrechnung genannte Verfahren wird erst seit den fünfziger Jahren in Deutschland angewandt. Es ist als eine produktbezogene kurzfristige Erfolgsrechnung unter Aufteilung der Gesamtkosten in variable und fixe Kosten anzusehen. Aus der Bezeichnung ergibt sich, daß nur die beschäftigungsabhängigen (variablen) Kosten auf die einzelnen Kostenträger verrechnet werden, weil nur sie direkt mit dem Ausstoß variieren. Dies impliziert zugleich, die variablen Kosten als proportionale Kosten zu interpretieren.

Da nur die variablen Kosten auf die Kostenträger verteilt werden, wobei die variablen Einzelkosten direkt und die variablen Gemeinkosten über Kostenschlüssel zugerechnet werden, brauchen die fixen Kosten von vornherein nicht die Kostenstellen- und Kostenträgerrechnung zu durchlaufen. Man verzichtet auf ihre Verteilung auf die Kostenträger, weil sie bei Beschäftigungsänderungen nicht variieren und daher kein Zusammenhang zwischen den fixen Kosten und den einzelnen Kostenträgern besteht.

Der Beitrag des einzelnen Kostenträgers zur Deckung der fixen Kosten und damit zum Unternehmensergebnis (Deckungsbeitrag) ergibt sich nach dieser Betrachtung also aus der Differenz der Erlöse (p) und der variablen (Einzel- und Gemein)Kosten (k_v) je Produkt. Die fixen Kosten (K_f) werden von der Summe der Deckungsbeiträge subtrahiert. Daraus ergibt sich für den Einproduktbetrieb die folgende Gleichung:

$$\text{Gewinn } G = m \times (p - k_v) - K_f$$

In Mehrproduktbetrieben wird analog verfahren.

Beispiel:

Produkte	A	B	C	Gesamt
Bruttoerlöse pro Stück	110	120	80	
− Erlösschmälerungen	5	6	4	
= Nettoerlöse pro Stück	105	114	76	
− variable Vertriebskosten pro Stück	11	12	8	
− variable Kosten pro Stück der abgesetzten Produkte	40	50	60	
= Absoluter Deckungsbeitrag pro Stück	54	52	8	
× Anzahl abgesetzter Produkte	75	180	600	
= Gesamter Deckungsbeitrag der Periode	4050	9360	4800	18 210

Fixkosten der Periode	
− Herstellung	9 200
− Vertrieb	3 000
− Forschung	1 500
− Verwaltung	4 000

= Betriebsergebnis der Periode	510

Auf den ersten Blick scheint es, als ob das Betriebsergebnis beim Direct Costing genauso hoch ist, wie bei der Vollkostenrechnung. Dies trifft aber nur zu, wenn die *Produktionsmenge genauso hoch ist, wie die Absatzmenge.* Sollte das nicht der Fall sein, ergeben sich Unterschiede, da die Halb- und Fertigbestände beim Direct Costing nur mit den variablen Kosten, bei der Vollkostenrechnung dagegen einschließlich der fixen Kostenanteile bewertet sind.

Damit ist das Direct Costing der Vollkostenrechnung aber nicht nur bei der Erfolgsplanung und -analyse, sondern auch bei der Ermittlung von kurzfristigen Preisuntergrenzen, bei Entscheidungen über die Zusammensetzung des Produktionsprogramms und bei Make-or-Buy-Entscheidungen überlegen. Im Gegensatz zur Vollkostenrechnung kann man mit Hilfe des Direct Costing bei freien Kapazitäten z. B. eine Aussage darüber treffen, ob ein Produkt weiter produziert werden soll oder nicht; es bleibt im Programm, solange es einen positiven Deckungsbeitrag erwirtschaftet.

Wesentliche Nachteile des Verfahrens sind erstens, daß die Beschäftigung als einzige Bezugsgröße verwendet wird, und zweitens, daß der Fixkostenblock nicht nach seiner Abbaufähigkeit oder Zurechenbarkeit weiter untergliedert wird. Zumindest Teile der Fixkosten könnten spezifischen Bezugsobjekten (z. B. Betriebsbereichen, Kostenstellen, Gruppen von Kostenträgern, usw.) direkt als Einzelkosten zugerechnet werden. Außerdem werden wie in der Vollkostenrechnung die variablen Gemeinkosten über mehr oder weniger willkürliche Schlüsselgrößen verrechnet und das Problem der Periodenzuordnung von Periodengemeinkosten wird vernachlässigt. Diese Nachteile haben zu einer Verfeinerung und Fortentwicklung des Direct Costing hin zur Fixkostendeckungsrechnung geführt.

2. Fixkostendeckungsrechnung (Mehrstufiges Direct Costing)

Mit dem Verfahren der Fixkostendeckungsrechnung wird im Unterschied zum Direct Costing bezweckt, den Fixkostenblock weiter zu untergliedern. Fixkosten sind zwar grundsätzlich Kosten der Betriebsbereitschaft, aber nicht alle Fixkosten sind Bereitschaftskosten für alle betrieblichen Erzeugnisse. So gibt es Fixkosten, die nur Bereitschaftskosten für ein bestimmtes Produkt, eine Produktgruppe oder einen Bereich sind. Diese Fixkosten werden als Erzeugnis-Fixkosten, Erzeugnisgruppen-Fixkosten oder Bereichs-Fixkosten bezeichnet. Aus der Aufspaltung des Fixkostenblocks in mehrere Fixkostenschichten ergibt sich folgendes Konzept der mehrstufigen Aggregation von Deckungsbeiträgen:

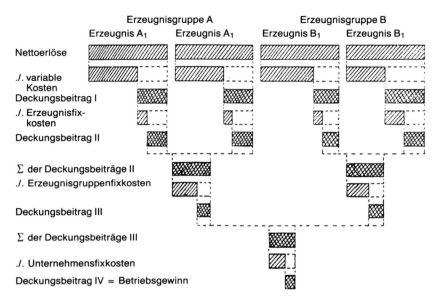

Abb. 31: Grundzüge des Erfolgskonzepts der Fixkostendeckungsrechnung
[Quelle: Schönfeld, Kostenrechnung II]

Im ersten Schritt wird für die einzelnen Erzeugnisarten zunächst –
wie im Direct Costing – der Überschuß der Nettoerlöse über die variablen Kosten (Deckungsbeitrag I) ermittelt. Hiervon werden die für
eine einzelne Erzeugnisart direkt erfaßbaren Fixkosten abgezogen
und man erhält den Deckungsbeitrag II. Zieht man von der Summe
dieser Deckungsbeiträge II die jeweiligen Erzeugnisgruppen-Fixkosten ab, ergibt sich Deckungsbeitrag III, der über den Erfolgsbeitrag
der gesamten Produktgruppe Auskunft gibt. Letztlich wird der Gesamterfolg der Unternehmung als Überschuß sämtlicher Deckungsbeiträge III über die verbleibenden, nur für die Unternehmung als
Ganzes direkt erfaßbaren Fixkosten ermittelt.

Beispiel:

Produkte	*A*	*B*	*C*	*Gesamt*
Bruttlerlöse pro Stück	110	120	80	
− Erlösschmälerungen	5	6	4	
= Nettoerlöse pro Stück	105	114	76	
− variable Vertriebskosten pro Stück	11	12	8	
− variable Kosten pro Stück der abgesetzten Produkte	40	50	60	
= Absoluter Deckungsbeitrag pro Stück	54	52	8	
× Anzahl abgesetzter Produkte	75	180	600	
= Gesamter DB I der Periode	4050	9360	4800	18210
− Erzeugnisfixkosten	750	—	5000	5750
= Gesamter DB II der Periode	3300	9360	− 200	
− Erzeugnisgruppenfixkosten (B + C)	−	6000		6000
= Gesamter DB III der Periode	3300	3160		6460
− Allgemeine Fixkosten				5950
= Betriebsergebnis				510

Für das Produkt C stellt sich aufgrund seines negativen Deckungsbeitrags von -200 die Frage, ob es aus der Produktion herausgenommen werden soll. Dieses Problem läßt sich nur lösen, wenn man die Erzeugnisfixkosten daraufhin untersucht, ob sie abbaufähig sind oder nicht. Durch die Herausnahme von C steigt der Gesamtgewinn nur, wenn die abbaubaren Erzeugnisfixkosten größer sind als der verlorengegangene Deckungsbeitrag I (4800). Bei nicht abbaubaren Erzeugnisfixkosten ergäbe sich ein um 4800 niedrigerer Gewinn, da mit der Herausnahme des Produkts C aus dem Produktionsprogramm auch dessen positiver Deckungsbeitrag I wegfällt.

II. Teilkostenrechnung auf Basis von relativen Einzelkosten

In der ein- und mehrstufigen Deckungsbeitragsrechnung (Fixkosten-deckungsrechnung) wird darauf verzichtet, Fixkosten einzelnen Kostenträgereinheiten zuzurechnen. Nach wie vor werden aber variable Stückkosten ermittelt und dabei auch variable Gemeinkosten den einzelnen Kostenträgern zugeordnet.

Demgegenüber verzichtet das von Riebel[11] entwickelte System der *Deckungsbeitragsrechnung mit (relativen) Einzelkosten* auf jegliche schlüsselmäßige Verteilung von Gemeinkosten und Proportionalisierung von Fixkosten. Um die Aussagefähigkeit als Planungs- und Entscheidungsrechnung zu erhöhen, werden vielmehr den Leistungseinheiten auf verschiedenen hierarchischen Ebenen *nur die jeweiligen Einzelkosten* zugeordnet. Dabei werden stets nur solche Kosten und Leistungen einander gegenübergestellt, die durch dieselbe identische Entscheidung verursacht worden sind (Identitätsprinzip). Dies führt zu einem spezifischen Begriff des Deckungsbeitrags: Dieser wird zwar grundsätzlich als Überschuß der Einzelerlöse über die Einzelkosten definiert, allerdings als Überschuß jener Erlöse über jene Kosten, die auf dieselbe (identische) Entscheidung zurückzuführen sind.

Weitere Voraussetzung ist, daß *sämtliche Kosten als Einzelkosten erfaßt und ausgewiesen* werden. Die Unterscheidung von Einzel- und Gemeinkosten kann dabei zwangsläufig nicht absolut vorgenommen werden, sondern sie ist relativ und jeweils abhängig von der betrachteten Bezugsgröße. Sämtliche Kosten sind daher stets einer dieser Bezugsgrößen als Einzelkosten zurechenbar, während sie als Gemeinkosten einer anderen Bezugsgröße anzusehen sind. Beispielsweise werden Gehälter der Geschäftsführung in herkömmlicher Terminologie generell als Gemeinkosten angesehen; im System der Deckungsbeitragsrechnung mit relativen Einzelkosten handelt es sich dagegen um Einzelkosten des Bezugsobjekts „Geschäftsführung", das für andere Bezugsobjekte Gemeinkostencharakter hat. Als Bezugsgrößen kommen dabei nicht nur die traditionellen Bereiche (z. B. Kostenträger, Kostenstelle, Sparte, Gesamtunternehmung), sondern auch eine Vielzahl anderer Zuordnungsgrößen (z. B. Kunden, Kundengruppen, Verkaufsbezirke im Vertriebsbereich oder

---

11 Vgl. Riebel, Einzelkosten- und Deckungsbeitragsrechnung – Grundlagen einer markt- und entscheidungsorientierten Unternehmensrechnung, Opladen 1972

Betriebsstörungen, Sortenwechsel usw. im Fertigungsbereich) in Betracht.

Ausgangspunkt der praktischen Durchführung einer Deckungsbeitragsrechnung mit relativen Einzelkosten ist die sogenannte „Grundrechnung". In dieser Grundrechnung werden die Kosten nach verschiedenen zweckabhängigen Merkmalen gegliedert. Ein solches Merkmal kann z. B. der Ausgabencharakter von Kosten, die Abhängigkeit der Kosten von wichtigen Entscheidungen oder die Zurechenbarkeit auf Perioden sein. Es gelingt so, jede Kostenart im Hinblick auf irgendeine Bezugsbasis als Einzelkosten zu erfassen.

Man kann nun eine Hierachie der Bezugsgrößen mit dem Ziel bilden, daß die Einzelkosten der übergeordneten Bezugsgröße (z. B. Einzelkosten einer Produktgruppe) jeweils Gemeinkosten der untergeordneten Bezugsgröße (z. B. Gemeinkosten eines einzelnen Produktes) sind. Als oberste Stufe erscheinen dabei die nur der Unternehmung als Ganzes zurechenbaren Kosten, die Einzelkosten der Unternehmung.

Zur Ermittlung des Betriebserfolges wird die Grundrechnung in der Weise ausgewertet, daß ausgehend von den Umsatzerlösen durch stufenweise Subtraktion verschiedener „Einzelkosten" ein beliebig differenzierbares System von Deckungsbeiträgen abgeleitet wird, bis zuletzt nach Deckung aller nachgeordneten Einzelkosten das Nettoergebnis feststeht. Den Erlösen können dabei – je nach Fragestellung und anders als bei der Fixkostendeckungsrechnung – die Kosten in den verschiedensten Formen und Zusammenfassungen gegenübergestellt werden; die Reihenfolge der sukzessiv zu subtrahierenden Kosten wird allein durch den Untersuchungszweck bestimmt. Das folgende Beispiel zeigt die Erfolgsermittlung in ihren Grundzügen:

Die Grundrechnung kann noch durch spezifische Deckungsbudgets erweitert werden. Deckungsbudgets sind Soll-Deckungsbeiträge, die z. B. vorgegeben werden, um Gewinnausschüttungen, Investitionen oder andere Vorgänge zu finanzieren.

Erzeugnisgruppe	1		2			3		Σ
Erzeugnis	A	B	C	D	E	F	G	
Bruttoerlös	3 150	3 725	5 000	3 750	5 500	2 150	3 450	26 725
./. absatzabhängige variable Erzeugniseinzelkosten	150	225	250	100	500	150	200	1 575
= Nettoerlös	3 000	3 500	4 750	3 650	5 000	2 000	3 250	25 150
./. erzeugnisabhängige variable Erzeugniseinzelkosten	1 100	1 875	2 250	600	2 000	250	800	8 875
= DB I (über die variablen Erzeugniseinzelkosten)	1 900	1 625	2 500	3 050	3 000	1 750	2 450	16 275
./. fixe Erzeugniseinzelkosten	—	175	375	100	—	750	200	1 600
= DB II	1 900	1 450	2 125	2 950	3 000	1 000	2 250	14 675
	3 350		8 075			3 250		
./. variable Erzeugnisgruppeneinzelkosten	1 750		1 875			750		4 375
= Gruppen-DB I	1 600		6 200			2 500		10 300
./. fixe Erzeugnisgruppeneinzelkosten	750		4 000			2 000		6 750
= Gruppen-DB II	850		2 200			500		3 550
./. variable Unternehmenseinzelkosten			3 550 1 400					1 400
= Unternehmens-DB			2 150					2 150
./. fixe Unternehmenseinzelkosten			1 350					1 350
= Nettoerfolg			800					800

Abb. 32: Erfolgsermittlung im System der Deckungsbeitragsrechnung mit relativen Einzelkosten
[Quelle: Schierenbeck, Grundzüge der Betriebswirtschaftslehre]

C. Anwendungen der Deckungsbeitragsrechnung

Die Verwendbarkeit der Kosteninformationen aus Teilkostenrechnungen für die Lösung von Entscheidungsproblemen ist größer als die aus der Vollkostenrechnung. Dies liegt in erster Linie daran, daß Teilkostenrechnungen zweckmäßige Informationen für kurzfristige Entscheidungsprobleme liefern. Sie können in anschaulicher Weise die quantitativen Beziehungen zwischen Absatzmenge, Kosten und Gewinn verdeutlichen und damit für die Erfolgsplanung und Erfolgskontrolle sowie für die (kurzfristige) Bestimmung des Produktions- und Absatzprogramms genutzt werden.

I. Kurzfristige Erfolgsrechnung und Gewinnschwellenanalyse

Will man im Rahmen der kurzfristigen Erfolgsrechnung feststellen, in welchem Umfang der einzelne Erfolgsträger (Produkt, Produktgruppe, Sparte, Kunde oder regionaler Bereich usw.) zum Ergebnis des Unternehmens beigetragen hat, so ist dies nur mit Hilfe einer Deckungsbeitragsrechnung möglich (vgl. dazu oben B.I.2.). Mit den dadurch verfügbaren Informationen kann auch eine sinnvolle Erfolgsplanung durchgeführt werden.

Die dabei angewandte Methode wird häufig als Gewinnschwellenanalyse („Break-even-point-Analyse") bezeichnet. Grundgedanke ist dabei, diejenigen Absatzmengen zu bestimmen, bei denen die Gesamtkosten gerade durch den Gesamtumsatz gedeckt werden. Auf diese Weise läßt sich die kritische Ausstoßmenge bestimmen, die mindestens erreicht werden muß, damit die Unternehmung einen Gewinn erzielt. Bei der Gewinnschwellenanalyse können aber auch andere Fragestellungen in den Vordergrund gestellt werden. So kann man verschiedene Deckungspunkte ermitteln, indem man den Fixkostenblock weiter unterteilt und z. B. ermittelt, bei welcher Absatzmenge die kalkulatorischen Abschreibungen, Zinsen, Personalkosten usw. verdient sind. Oder man kann durch Änderung der Absatzpreise den Umsatz variieren, um festzustellen, bei welchem Preis die Unternehmung in die Verlustzone gerät. Es kann auch die Frage beantwortet werden, wie sich die Gewinnschwelle bei einer Änderung der variablen Kosten oder der Fixkosten verändert oder um welchen Prozentsatz der mengenmäßige Absatz bis zum Erreichen der Verlustzone maximal zurückgehen darf.

Aus der nachfolgenden Grafik läßt sich entnehmen, ab welcher kritischen Menge (m_x) bei gegebenen Absatzpreisen und gegebener Kostenstruktur ein Gewinn erzielt wird, bzw. bei einem Umsatzrückgang der Betrieb in die Verlustzone gerät.

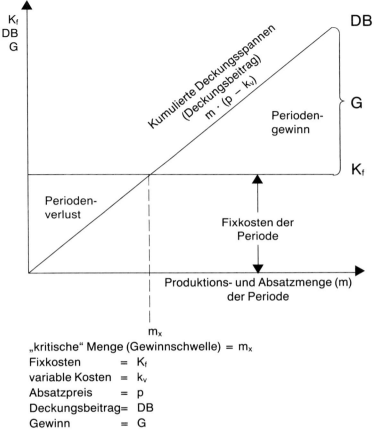

"kritische" Menge (Gewinnschwelle) = m_x
Fixkosten = K_f
variable Kosten = k_v
Absatzpreis = p
Deckungsbeitrag= DB
Gewinn = G

Abb. 33: Gewinnschwellenanalyse

Bei Unternehmen mit mehr als zwei Produkten ist wegen der Vielzahl möglicher Kombinationen der Absatzmengen der verschiedenen Produkte, die alle zur Kostendeckung beitragen, eine grafische Lösung nicht mehr möglich. In diesem Fall kann das Problem nur noch rechnerisch gelöst werden.

II. Programmplanung und Gewinnung von Informationen für die Preispolitik

Für bestimmte Zielsetzungen liefert allein die Deckungsbeitragsrechnung aussagefähige Entscheidungsgrundlagen. Dazu gehören insbesondere Entscheidungen bezüglich der
- Preiskalkulation von Zusatzaufträgen;
- Ermittlung von Preisobergrenzen am Beschaffungsmarkt;
- Ermittlung von kurzfristigen Preisuntergrenzen;
- Ermittlung eines optimalen Produktionsprogramms bei gegebenen Kapazitäten.

Derartige Entscheidungssituationen zeichnen sich in bezug auf die notwendige Ausgestaltung der Rechnung durch eine einheitliche Grundstruktur aus. So ist in allen Fällen zunächst zu ermitteln, ob auf entsprechende im Betrieb *vorhandene Kapazitäten* zurückgegriffen werden kann *oder* diese *Kapazitäten erst geschaffen* werden müßten. Ist die Kapazität vorhanden, so bleiben die fixen Bereitschaftskosten von den zu treffenden Entscheidungen unberührt; sie sind daher nicht entscheidungsrelevant. Andernfalls wären Kapazitäten neu zu schaffen, was zwangsläufig zu erhöhten Bereitschaftskosten führt.

Bei vorhandenen Kapazitäten ist im nächsten Schritt zu fragen, ob diese *Kapazitäten voll ausgelastet* sind (geschlossene Kapazitäten) *oder* ob *freie Kapazitäten* bestehen. Bei voll ausgelasteten Kapazitäten müssen nämlich beispielsweise bei der Hereinnahme eines Zusatzauftrages nicht nur die direkten Kosten dieses Zusatzauftrages gesehen werden, sondern zusätzlich auch der bisherige Nutzen des Produktes, das durch den Zusatzauftrag nunmehr von der knappen Kapazität verdrängt wird. Das Problem der Verdrängung tritt bei ausreichend freien Kapazitäten nicht auf, so daß man sich in diesem Fall auf die Betrachtung der direkten Kosten (variable und ggf. fixe Einzelkosten) des Zusatzauftrags beschränken kann.

Anschließend sind für die Lösung der einzelnen Fragestellungen die folgenden Grundüberlegungen anzustellen:

1. Preiskalkulation von Zusatzaufträgen

Von einem Zusatzauftrag spricht man dann, wenn es sich um einen Auftrag handelt, der einmalig außerhalb des geplanten Produktionsprogramms anfällt und sich voraussichtlich nicht wiederholen wird. Dieser Ausnahmecharakter des Zusatzauftrags rechtfertigt eine eigenständige Kalkulation außerhalb der sonst üblichen Preisgestaltung. Dabei muß sichergestellt sein, daß der Zusatzauftrag keinerlei Rückwirkungen auf die Absatzpreise der regulären Aufträge hat, die übrigen Abnehmer daraufhin also nicht veranlaßt werden, in neue Preisverhandlungen einzutreten.

Ist dies der Fall, ist zu prüfen, wie die vorhandenen Kapazitäten ausgelastet sind. Sind sie nicht voll ausgelastet, genügt es, den Zusatzauftrag mit den variablen Kosten zu kalkulieren, weil jeder über die variablen Kosten hinaus erzielbare Preis für die Unternehmung einen zusätzlichen Deckungsbeitrag erbringt, den sie ohne den Zusatzauftrag nicht hätte.

Wegen der vorhandenen und nicht voll ausgelasteten Kapazitäten kann also auf die Einbeziehung der Fixkosten verzichtet werden. Das heißt allerdings nicht, nur einen Preis in Höhe der variablen Kosten zu fordern. Vielmehr sollte der Preis gefordert werden, der voraussichtlich erzielbar erscheint, und der Zusatzauftrag erst dann abgelehnt werden, wenn die Preisverhandlungen ergeben, daß er letztlich nicht die variablen Kosten deckt.

Sind die vorhandenen Kapazitäten dagegen voll ausgelastet, ergibt sich eine andere Entscheidungssituation. In diesem Fall würde der Zusatzauftrag nämlich einen anderen Auftrag von der ausgelasteten Kapazität verdrängen. Der Zusatzauftrag müßte daher nicht nur seine eigenen variablen Kosten decken, sondern darüber hinaus mindestens den Deckungsbeitrag erzielen, den das bisher geplante Produkt bringen würde. Dabei ist allerdings zu berücksichtigen, daß nicht alle Aufträge die Kapazität in gleichem Umfang in Anspruch nehmen. So kann z. B. ein Produkt A mit einem (absoluten) Deckungsbeitrag (Erlöse minus variable Kosten) von 100 eine bestimmte Maschine für 10 Minuten beanspruchen, während ein anderes Produkt B mit dem gleichen Deckungsbeitrag dieselbe Maschine nur 5 Minuten in Anspruch nehmen würde. Folglich könnten von Produkt B in der gleichen Zeit zwei Stücke hergestellt werden, was einen Deckungsbeitrag von insgesamt 200 erbringen würde.

Aus diesem Beispiel wird ersichtlich, daß ein Vergleich der absoluten Deckungsbeiträge pro Stück (Stückbeiträge) allein nicht ausreicht, um die richtige Entscheidung zu treffen. Es ist vielmehr erforderlich, die Stückbeiträge jeweils auf die erforderliche Kapazitätsinanspruchnahme zu beziehen und einen sogenannten engpaßbezogenen Deckungsbeitrag (Deckungsbeitrag pro Engpaßeinheit) zu ermitteln. Im Beispiel ergäbe sich für Produkt A ein engpaßbezogener Deckungsbeitrag von (100/10 =) 10 und für Produkt B ein solcher von (100/5 =) 20. Ein Auftrag über die Herstellung von Produkt B wäre also bei knapper Kapazität lukrativer. Daraus folgt: Kurzfristige Entscheidungen über die Annahme oder Ablehnung von Zusatzaufträgen bei begrenzten Kapazitäten (Engpaßsituationen) sind nach der Rangfolge der Deckungsbeiträge pro Einheit der Engpaßbelastung zu treffen. Es kann dabei vorkommen, daß ein Produkt mit dem größten absoluten Deckungsbeitrag pro Stück den letzten Rang einnimmt, wenn man ihn auf die Inanspruchnahme des Engpasses bezieht.

Produktart	Deckungsbeitrag pro Stck	Engpaß-Belastung Min/Stck	Deckungsbeitrag pro Engpaßmin.	Rangfolge
1	12	3	4	(1)
2	10	4	2,5	(3)
3	20	10	2	(4)
4	24	8	3	(2)

Abb. 34: Berechnung des engpaßbezogenen Deckungsbeitrags bei einem Engpaß

2. Ermittlung von Preisobergrenzen am Beschaffungsmarkt

Ist die Beschaffung eines Vorproduktes am Markt ohne weiteres möglich, so wäre es nicht sinnvoll, dieses Vorprodukt selbst herzustellen, wenn der Beschaffungspreis niedriger ist, als die aufzuwendenden Kosten für die Eigenerstellung. Zu entscheiden ist also, ab welcher Preisgrenze ein Fremdbezug unwirtschaftlich wäre. Diese Preisobergrenze ist dann erreicht, wenn es billiger ist, das Produkt selbst herzustellen.

Auch hierbei muß für den Umfang der einzubeziehenden Kosten zunächst festgestellt werden, ob die notwendigen Kapazitäten vorhanden sind. Falls ja, muß ferner unterschieden werden, ob die Kapazitäten vollständig oder nicht vollständig ausgelastet sind.

Sind entsprechende Kapazitäten erst noch zu schaffen, so werden durch die Entscheidung sowohl fixe als auch variable Kosten berührt. Es sind daher die Vollkosten als Beurteilungsmaßstab heranzuziehen. Es gelten alle Überlegungen, die im Zusammenhang mit der langfristigen Preiskalkulation anzustellen sind.

Bei freien Kapazitäten gelten die gleichen Überlegungen wie bei der Kalkulation von Zusatzaufträgen. Hier sind *auf kurze Sicht* wiederum nur die variablen Kosten relevant. Ist der Bezugspreis höher als die variablen Kosten, so ist stets die Eigenherstellung günstiger. Die Kosten der vorhandenen Betriebsbereitschaft werden durch eine kurzfristige Eigenerstellung eines Vorprodukts nicht berührt, da die Kapazitäten ansonsten − bei unveränderten Bereitschaftskosten - ungenutzt blieben. Bei langfristiger Betrachtung kann es dagegen sinnvoll sein, die Überkapazität abzubauen bzw. nicht mehr zu erneuern und das Vorprodukt wieder fremd zu beziehen.

In Engpaßsituationen ist die Entscheidung dagegen wiederum mit Hilfe von Opportunitätskosten zu treffen. Wie bei der gleichgelagerten Entscheidung über Annahme oder Ablehnung eines Zusatzauftrags müssen nun die variablen Kosten um den „verdrängten Nutzen aus anderweitiger Verwendung" erhöht werden. Eigenherstellung lohnt sich nur dann, wenn die Fremdkosten höher sind, als die variablen Kosten der Eigenerstellung zuzüglich der bisher erwirtschafteten Deckungsbeiträge des verdrängten Produktes, bezogen auf die entsprechende Engpaßinanspruchnahme.

3. Ermittlung von kurzfristig akzeptablen Preisuntergrenzen

Auf lange Sicht muß ein Betrieb stets mindestens die Vollkosten erwirtschaften. In besonderen Ausnahmesituationen (z. B. Preiskampf um Marktanteile) kann es jedoch vorkommen, daß kurzfristig auf Teile des bisherigen Erlöses verzichtet werden muß. Es stellt sich dann die Frage, bis zu welcher Preisuntergrenze der Betrieb gegebenenfalls „mitziehen" kann. Diese Preisuntergrenze ist aus kostenrechnerischer Sicht insbesondere dann erreicht, wenn es auch kurzfristig sinnvoller ist, ein Produkt aus dem Markt zu nehmen, als es weiter zu produzieren. Eine andere, hier nicht interessierende Frage ist allerdings, ob es z. B. aus absatzpolitischen Gründen, etwa zur Abrundung eines Sortiments, unabhängig von der spezifischen Kostensituation gerechtfertigt sein kann, bestimmte Produkte im Programm zu belassen.

Auch für die Entscheidung über die kurzfristige Preisuntergrenze auf Kostenbasis ist wiederum zu fragen, ob die Kapazitäten voll oder nicht ausgelastet sind. Bei nicht voll ausgelasteten Kapazitäten ist die kurzfristige Preisuntergrenze erreicht, wenn die variablen Stückkosten durch den Absatzpreis gerade noch gedeckt sind. In diesem Fall sind die Grenzkosten gleich den Grenzerlösen, d. h. der absolute Deckungsbeitrag ist gleich Null. Bei einem noch niedrigeren Preis würde jede weitere Produktion einen negativen Beitrag zum Unternehmensergebnis in Höhe der Unterdeckung entstehen lassen.

Sind die Kapazitäten dagegen voll ausgelastet, kann die kurzfristige Preisuntergrenze schon vorher erreicht sein. In diesem Fall müßte aus kostenrechnerischer Sicht ein Produkt auch dann aus dem Produktionsprogramm ausscheiden, wenn es zwar noch einen positiven (absoluten) Deckungsbeitrag erzielt, jedoch ein anderes Produkt bei der Belegung der knappen Kapazität einen höheren Nutzen (Deckungsbeitrag pro Engpaßeinheit) bringen würde. Insoweit gelten also die oben dargestellten Überlegungen analog.

4. Ermittlung eines optimalen Produktionsprogramms bei gegebenen Kapazitäten

Eine Frage, die sich in allen Betrieben stellt, ist die nach der gewinngünstigsten Zusammensetzung des Produktions- und Absatzprogramms bei gegebenen Kapazitäten. Die fixen Bereitschaftskosten, die durch die getroffene Investitionsentscheidung über die Schaffung einer bestimmten Kapazität verursacht wurden, sind dabei nach dem Zeitpunkt der Durchführung der Investition nicht mehr entscheidungsrelevant. Solange freie Kapazitäten bestehen wird die Entscheidung allein durch die variablen Kosten (Grenzkosten) beeinflußt. Dabei gilt der Grundsatz, daß die betrieblichen Leistungen bei freien Kapazitäten auf jenen Maschinen zu bearbeiten sind, die die niedrigsten Grenzkosten aufweisen. Als Beurteilungsmaßstab für die Rangfolge kann in diesem Fall der absolute Deckungsbeitrag (Erlös minus variable Kosten) herangezogen werden. Bei der Programmplanung wären die Produkte in der Reihenfolge ihrer absoluten Deckungsbeiträge herzustellen, d. h. ein Produkt mit einem höheren absoluten Deckungsbeitrag ist einem Produkt mit einem niedrigerem Deckungsbeitrag vorzuziehen. Bei freien Kapazitäten heißt das zugleich, alle Produkte zu produzieren, die einen positiven absoluten Deckungsbeitrag erbringen.

Eine Entscheidung allein anhand der absoluten Deckungsbeiträge führt jedoch bei nicht ausreichender Kapazität möglicherweise zu Fehlentscheidungen, wenn die einzelnen Produkte die Kapazitäten in unterschiedlichem Maß in Anspruch nehmen, so daß die Reihenfolge der absoluten Deckungsbeiträge nicht unbedingt optimal ist. Die Auswahlentscheidung kann daher in diesem Fall wiederum nur anhand der engpaßbezogenen Deckungsbeiträge (vgl. dazu oben 1.) getroffen werden.

Fertigt z. B. ein Betrieb die Produkte A, B und C auf einer Anlage mit einer Kapazität, die den möglichen Absatz nicht vollständig bewältigen kann, so mag sich folgende Rangfolge ergeben:

Produkte:	A	B	C
Erlöse pro Stück:	9	7	5
Variable Kosten pro Stück:	4	3	2
Absoluter DB pro Stück:	5	4	2
Rangfolge ohne Engpaß:	(1)	(2)	(3)
Maschinenbeanspruchung in Min./Stück:	10	5	2
relativer DB in DM/Min.:	0,50	0,80	1,00
Rangfolge mit Engpaß:	(3)	(2)	(1)

Steht die Anlage täglich für 8 Stunden (480 Min.) zur Verfügung und könnte der Markt zu dem gegebenen Preis von jedem Produkt täglich 50 Stück aufnehmen, dann ergäbe sich folgendes gewinnmaximale Produktionsprogramm:

	Kapazitäts-inanspruchnahme		Gewinn	
	(Min.)	kumuliert	DM	
C: 50 × 2 Min.	100	100	100	(2 × 50)
B: 50 × 5 Min.	250	350	200	(4 × 50)
A: 13 × 10 Min.	130	480	65	(5 × 13)
			365	

Würde man z. B. statt dessen von A ein Stück mehr und von B fünf Stück weniger produzieren, ergäbe sich nur ein Gesamtgewinn von (365 + 1 × 5 − 5 × 2 =) 360 DM. Bei einer Entscheidung nach Maßgabe der absoluten Deckungsbeiträge wäre A bevorzugt worden und man hätte sich sogar mit einem Gewinn von (48 × 5 =) 240 DM begnügen müssen.

Schwieriger ist die Lösung, wenn zugleich mehrere Engpässe zu berücksichtigen sind. In der Realität bestehen meist nicht nur eine Vielzahl von Engpässen im Produktionsbereich, sondern es sind regelmäßig zugleich Beschränkungen auf dem Absatz- und Beschaffungsmarkt sowie im Finanz- und Personalbereich vorhanden. In diesem Fall kann das Entscheidungsproblem i.d.R. nur noch mit Hilfe mathematischer Planungsrechnungen gelöst werden. Dabei geht es oft um Planungsprobleme, deren Struktur sich in einem System linearer Gleichungen darstellen und mit Hilfe der Matrizenrechnung lösen läßt.

Beispiel:

Zielfunktion:	5 × A	+	4 × B	+	2 × C		― ― ― ― > Max
Restriktionen:	10 × A	+	5 × B	+	2 × C	≤	8 Maschinenstunden
	30 × A	+	10 × B	+	8 × C	≤	4800 Gramm Rohstoffmenge
	A					≤	50 Absatzhöchstmenge
			B			≤	50 Absatzhöchstmenge
					C	≤	50 Absatzhöchstmenge

Nichtnegativitätsbedingung: A,B,C ≥ 0

4. Kapitel: Grundlagen der Plankostenrechnung

A. Begriff und Aufgaben

Eine wirksame Kontrolle der Kostenwirtschaftlichkeit läßt sich mit den Verfahren der Ist- und Normalkostenrechnung nicht erreichen, da bei ihnen die hierfür erforderlichen Maßgrößen fehlen. Die Weiterentwicklung der Kostenrechnung führte daher in vielen Unternehmungen dazu, daß man sich bei der Ermittlung von Normal- oder Standardkosten von den Istkosten vergangener Perioden löste und sich mehr und mehr bemühte, die Kostenvorgaben mit Hilfe von technischen Berechnungen oder Verbrauchsstudien in Form von Plankosten festzulegen. Diese Festlegung geplanter Kosten unabhängig von den Istkosten vergangener Perioden ist das charakterisierende Merkmal der Plankostenrechnung.

Ihre Hauptaufgabe besteht in der Kontrolle der Wirtschaftlichkeit mit Hilfe laufend durchgeführter Soll-Ist-Vergleiche (Budgetkontrolle). Dadurch wird es möglich, eventuelle Abweichungen von der geplanten kostenminimalen Produktion als Differenz zwischen den Plankosten und den tatsächlich angefallenen Kosten festzustellen. Darüber hinaus ermöglicht die Plankostenrechnung, geplante Kostendaten für unternehmerische Entscheidungen zur Verfügung zu stellen, während die älteren Verfahren der (Ist- und Normal)Kostenrechnung lediglich die Aufgabe der Nachkalkulation zufriedenstellend erfüllen können.

Ebenso wie eine Ist- oder Normalkostenrechnung kann auch die Plankostenrechnung als Periodenrechnung oder als Stückrechnung konzipiert sein. Da die Wirtschaftlichkeitskontrolle am zweckmäßigsten auf der Ebene von (nach Verantwortungsbereichen gegliederten) Kostenstellen ansetzt, steht hier eine *periodische* Kostenstellenrechnung im Vordergrund. Für dispositive Zwecke, insbesondere für die Kalkulation von Kosten oder Preisuntergrenzen und für die Produktions- und Absatzprogrammplanung, ist dagegen eher eine **Stückrechnung** für einzelne Kostenträger von Bedeutung.

B. Formen der Plankostenrechnung

I. Plankostenrechnung auf Vollkostenbasis

Zunächst basierte die Plankostenrechnung in gleicher Weise wie die Ist- und die Normalkostenrechnung auf Vollkosten, indem neben den proportionalen (variablen) Kosten auch die Fixkosten in die geplanten Kalkulationssätze für die Kostenverrechnung einbezogen wurden. Ihre ersten Formen wurden als starre Plankostenrechnung bezeichnet, da die (für eine bestimmte Beschäftigung) ermittelten Plankosten nicht an Beschäftigungsschwankungen in der laufenden Abrechnungsperiode angepaßt wurden. In ihrer weitergehenden Entwicklungsform, der sog. flexiblen Plankostenrechnung, erfolgt dagegen eine Auflösung der Vollkosten in die fixen und variablen Kostenbestandteile. Dadurch lassen sich z. B. monatliche Sollkosten jeweils in Abhängigkeit von der momentanen Beschäftigung ermitteln (Sollkosten der Istbeschäftigung).

1. Starre Plankostenrechnung

Bei der starren Plankostenrechnung werden für jede Kostenstelle (nach Einzel- und Gemeinkosten differenzierte) Plankosten lediglich für einen einzigen Beschäftigungsgrad, nämlich die jährliche Durchschnittsbeschäftigung (Plan- oder Sollbeschäftigung) ermittelt. Diese Plankosten pro Kostenstelle (bei Sollbeschäftigung) bilden die alleinige Ausgangsgröße für die Berechnung des Plan-Kalkulationssatzes (z. B. Stundensatz oder Stückkostensatz), den man erhält, indem man die Plankosten durch die Planbeschäftigung (Maschinenstunden oder Anzahl der Leistungseinheiten) dividiert. Bei dem Plan-Kalkulationssatz handelt es sich um einen Vollkosten-Verrechnungssatz.

Kostenstelle xy		Planperiode Juni 19. .
Planbeschäftigung 2700 ME		
Kostenarten (nach Einzel- und Gemein- kosten differenziert)	KA_1 KA_2 KA_3 . . . KA_n	11 070,— 2 350,— 1 890,— 425,—
Plankosten (bei Sollbeschäftigung		29 700,—
Plan-Kalkulationssatz		$\dfrac{29\,700,-}{2\,700} = 11,-$

Abb. 35: Kostenplanung im System der starren Plankostenrechnung
[Quelle: Schierenbeck, Grundzüge der Betriebswirtschaftslehre]

Bei schwankender Beschäftigung ist die starre Plankostenrechnung für die Kontrolle der Wirtschaftlichkeit nicht geeignet, da sich die Plankosten (der Sollbeschäftigung) als Vergleichsmaßstab auf einen anderen Beschäftigungsgrad beziehen, als die tatsächlichen Istkosten (der Istbeschäftigung). Es kann folglich nicht festgestellt werden, ob die festgestellte Abweichung zwischen Plan- und Istkosten auf einer echten Verbrauchsabweichung oder lediglich auf der Schwankung der Beschäftigung beruht.

Multipliziert man die Istbeschäftigung mit dem Plan-Kalkulationssatz, so erhält man die Sollkosten bei Istbeschäftigung. Man könnte vermuten, daß sich durch Vergleich dieser mit den tatsächlichen Istkosten die Verbrauchsabweichung bestimmen ließe. Dabei würde man aber vernachlässigen, daß die „Sollkosten" künstlich proportionalisierte Fixkostenanteile enthalten, die mit dem Rückgang der Beschäftigung tatsächlich nicht in dem selben Maße zurückgegangen sind, wie es die Sollkostenkurve suggeriert. Man würde deshalb das Ausmaß einer vermuteten Kostenunwirtschaftlichkeit (Verbrauchsabweichung) überschätzen. Wiederum ist es nicht möglich, die Gesamtabweichung in ihre Komponenten, nämlich Beschäftigungsabweichungen und Verbrauchsabweichungen, zu zerlegen.

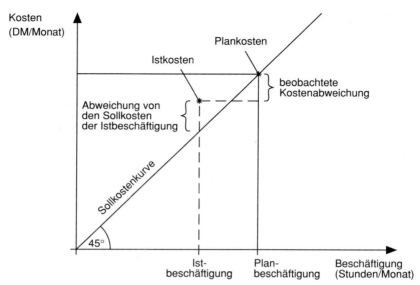

Abb. 36: Kostenkontrolle bei starrer Plankostenrechnung

2. Flexible Plankostenrechnung

Dem schwerwiegenden Nachteil der starren Plankostenrechnung, die verschiedenen Ursachen für Kostenabweichungen nicht aufdekken zu können, versuchte man mit der flexiblen Plankostenrechnung zu begegnen, indem die Periodenkosten in beschäftigungsunabhängige Fixkosten und in beschäftigungsabhängige Proportionalkosten aufgeteilt werden.

Durch diese Aufteilung ist es möglich, neben dem Plan-Kalkulationssatz (bei Sollbeschäftigung) auch für jeden beliebigen anderen Beschäftigungsgrad einen Sollkostensatz anzugeben, der die unterschiedlichen Fixkostenanteile berücksichtigt. Man ermittelt also für jede Kostenstelle nicht nur die Plankosten für einen Planbeschäftigungsgrad, sondern bei Bedarf auch die Sollkosten für andere Beschäftigungsgrade (z. B. für eine Kapazitätsauslastung von 100 %, 90 %, 80 % usw.). Die sich ergebende Sollkostenkurve gibt für jede beliebige Istbeschäftigung an, wie hoch die Gesamtkosten bei wirtschaftlichem Kostengütereinsatz in diesem Fall sein sollten. Dadurch können die beobachteten Kostenabweichungen in Abhängigkeit von der jeweiligen Beschäftigung analysiert werden, indem man die Istkosten mit den der jeweiligen Ist-Beschäftigung entsprechenden Sollkosten vergleicht.

118

Kostenstelle XY	Planperiode Juni 19...	Planbeschäftigung 2700 ME	
Kostenarten (KA)	Plangesamt-kosten	Proportional-kosten	Fixkosten
KA$_1$	11070, –	11070, –	—
KA$_2$	2350, –	1050, –	1300, –
KA$_3$	1890, –	—	1890, –
.	.	.	.
.	.	.	.
.	.	.	.
KA$_n$	425, –	425, –	—
Planperioden-kosten bei Sollbeschäftigung	29700, –	16200, –	13500, –
Plan-Kalkulationssatz	$= \dfrac{29700, -}{2700} = 11, -$		

Abb. 37: Kostenplanung bei flexibler Plankostenrechnung
[Quelle: Schierenbeck, Grundzüge der Betriebswirtschaftslehre]

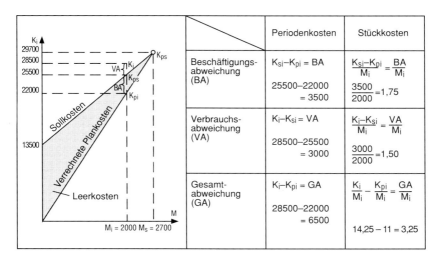

	Periodenkosten	Stückkosten
Beschäftigungs-abweichung (BA)	$K_{si} - K_{pi} = BA$ 25500–22000 $= 3500$	$\dfrac{K_{si} - K_{pi}}{M_i} = \dfrac{BA}{M_i}$ $\dfrac{3500}{2000} = 1,75$
Verbrauchs-abweichung (VA)	$K_i - K_{si} = VA$ 28500–25500 $= 3000$	$\dfrac{K_i - K_{si}}{M_i} = \dfrac{VA}{M_i}$ $\dfrac{3000}{2000} = 1,50$
Gesamt-abweichung (GA)	$K_i - K_{pi} = GA$ 28500–22000 $= 6500$	$\dfrac{K_i}{M_i} - \dfrac{K_{pi}}{M_i} = \dfrac{GA}{M_i}$ $14,25 - 11 = 3,25$

Abb. 38: Kostenkontrolle bei flexibler Plankostenrechnung
(Symbole: K_{si} = Sollkosten bei Istbeschäftigung; K_{pi} = verrechnete Planko-sten bei Istbeschäftigung; K_{ps} = verrechnete Plankosten (Sollko-sten) bei Planbeschäftigung; K_i = Istkosten; M_i = Istbeschäfti-gung; M_s = Sollbeschäftigung)
[Quelle: Schierenbeck, Grundzüge der Betriebswirtschaftslehre]

Wie aus der Abbildung zu ersehen ist, kann nun die Abweichung in eine Beschäftigungs- und eine Verbrauchsabweichung zerlegt werden. Als Verbrauchsabweichung (VA) erhält man die Differenz aus den Istkosten und den zugehörigen Sollkosten der Istbeschäftigung. Die Beschäftigungsabweichung (BA) einer Kostenstelle ergibt sich dagegen aus dem Abstand der Sollkostenkurve von der Kurve der verrechneten Plankosten. Bei Unterbeschäftigung (Unterschreiten der Planbeschäftigung) entstehen positive Abweichungen (Leerkosten, Kostenunterdeckungen), bei Überbeschäftigung negative Abweichungen (Kostenüberdeckungen), weil im ersten Fall zu geringe, im zweiten dagegen zu hohe Vollkosten verrechnet werden. Hierdurch können also der Grad der Auslastung der Kapazitäten sichtbar gemacht und entsprechende Maßnahmen eingeleitet werden.

Zu beachten ist, daß Kostenabweichungen auch auf Fehleinschätzungen der Plan- bzw. Sollkostenwerte beruhen können. Die Abweichungsanalyse erfordert daher stets auch, die zutreffende Ermittlung der Plan- bzw. Sollwerte zu beurteilen.

Die auf Vollkosten basierende flexible Plankostenrechnung ist für die Kontrolle der (Kosten)Wirtschaftlichkeit gut geeignet. Ihr wesentlicher Nachteil besteht jedoch darin, daß sie infolge der künstlichen Proportionalisierung der Fixkosten bei der Lösung aller Entscheidungsprobleme versagen muß bzw. leicht zu Fehlentscheidungen führen kann. Bei der Verkaufssteuerung beispielsweise wird oft der Fehlschluß gezogen, Erzeugnisse, deren Vollkosten über dem erzielbaren Verkaufspreis liegen, ersatzlos aus dem Produktionsprogramm zu eliminieren. Oft tragen diese Erzeugnisse aber noch zur Fixkostendeckung bei, so daß sich der Gesamtgewinn kurzfristig vermindert, wenn auf ihre Produktion verzichtet wird. Dies wurde bei der Erläuterung der Fixkostenzurechnung in Systemen der Vollkostenrechnung bereits angesprochen (vgl. Kapitel 3, A).

Ein weiterer Nachteil kann bei der Bewertung von Vorratsbeständen auftreten, wenn der Absatz einer Unternehmung größeren Saisonschwankungen unterliegt, d. h. wenn die Absatzmengen nicht mit den Produktionsmengen übereinstimmen. In einer auf Vollkosten basierenden Plankostenrechnung werden die Planbeschäftigungsgrade der Kostenstellen im Monatsdurchschnitt bestimmt und daraus Plan-Kalkulationssätze auf Vollkostenbasis ermittelt. Sämtliche Lagerzugänge werden demnach zu vollen Planherstellungskosten bewertet. In absatzschwachen Monaten mit größerer Vorratsproduktion

werden dadurch mit dem Aufbau der Vorratsbestände erhebliche Fix-
kostenbeträge mit aktiviert und dementsprechend in der Erfolgsrechnung derselben kurzfristigen Periode nicht aufwandswirksam. Erst in
den Monaten mit Lagerbestandsabgängen gehen dann diese fixen
Kostenbestandteile über den Materialeinsatz in die Erfolgsrechnung
ein. Die Folge ist, daß Absatzeinbrüche und die Notwendigkeit von
Senkungen der Verkaufspreise möglicherweise erst mit einer zeitli-
chen Verzögerung durch permanent ansteigende Vorratsbestände
erkannt werden.

II. Auf Grenzkosten basierende Formen der Plankosten-
rechnung (Grenzplankostenrechnung)

Die unzureichende Erfüllung der dispositiven Aufgaben durch die
Vollkostenrechnung hat zu Kostenrechnungsverfahren geführt, bei
denen die fixen Kosten nicht in die Kalkulation der Erzeugnisse einbezogen, sondern als Periodenkosten der Betriebsbereitschaft unmittelbar in die Betriebsergebnisrechnung übernommen werden (vgl.
Kapitel 3, A). In Analogie zu der Weiterentwicklung der Istkostenrech-
nungssysteme von der Vollkostenrechnung zu den modernen Formen der Teilkostenrechnung führten die Mängel der Plankostenrechnung auf Vollkostenbasis zu einer flexiblen Plankostenrechnung auf
Teilkostenbasis, in Anlehnung an den Begriff der Grenzkosten (mar-
ginale Kosten für eine zusätzliche Produkteinheit) meist als Grenzplankostenrechnung bezeichnet. Ihr Hauptvorteil besteht darin, daß
die künstliche Proportionalisierung der Fixkosten vermieden wird
und dadurch erst die für kurzfristige Entscheidungen erforderlichen
Kosteninformationen zur Verfügung stehen.

Der Aufbau der Rechnung entspricht dem der flexiblen Plankostenrechnung auf Vollkostenbasis; die nach Kostenarten und Kostenstellen differenzierte Kostenplanung wird genau so durchgeführt wie
dort. Der Unterschied besteht lediglich darin, daß in die Verrechnungssätze für innerbetriebliche Leistungen und in die Plan-Kalkulationssätze der Kostenstellen *keine fixen Kosten* einbezogen werden.
Die Grenzplankostenrechnung nimmt in Anwendung des Prinzips
der relevanten Kosten vielmehr nur die variablen Kosten in den Plan-
Kalkulationssatz auf. Die fixen Kosten werden als Periodenkosten
(Fixkostenblock) vorgegeben und nicht auf die einzelnen Leistungseinheiten weiterverrechnet.

Bei der Planung und Kontrolle des Periodenerfolgs werden den Verkaufserlösen also nur die proportionalen Selbstkosten der verkauften Erzeugnisse (bei linearem Kostenverlauf können diese den variablen Kosten gleichgesetzt werden) gegenübergestellt. Auch die Lagerbestandsveränderungen werden nur mit proportionalen Herstellungskosten ohne Einbeziehung von fixen Bereitschaftskostenanteilen bewertet.

Da in die Kalkulation nur proportionale Kosten einbezogen werden, sind die verrechneten Plankosten und die Sollkosten jeder beliebigen Ist-Beschäftigung bei der Grenzplankostenrechnung stets gleich, so daß Beschäftigungsabweichungen von vornherein entfallen. Die auftretenden Kostenabweichungen (Differenz zwischen Istkosten und Sollkosten) sind daher stets Verbrauchsabweichungen.

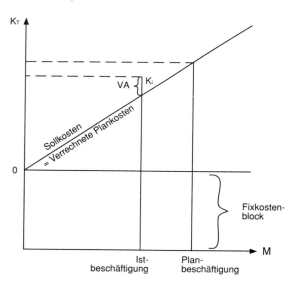

Abb. 39: Kostenkontrolle im Rahmen der Grenzplankostenrechnung

Verzeichnis der verwendeten Literatur

Eisele, Wolfgang: Technik des betrieblichen Rechnungswesens, 3. Aufl. München 1988

Haberstock, Lothar: Grundzüge der Kosten- und Erfolgsrechnung, 3. Aufl. München 1982

Hummel/Männel: Kostenrechnung 1 – Grundlagen, Aufbau und Anwendung, 3. Aufl. Wiesbaden 1982

Kilger, Wolfgang: Einführung in die Kostenrechnung, Opladen 1976

Kilger, Wolfgang: Flexible Plankostenrechnung, 6. Aufl. Köln 1974

Kloock, Josef/Sieben, Günter/Schildbach, Thomas: Kosten und Leistungsrechnung, Tübingen 1976

Kosiol, Erich: Kostenrechnung der Unternehmung, 2. Aufl. Wiesbaden 1979

Kupfernagel, Ernst (Hrsg.): Die Kostenrechnung Industrie, Berlin 1977

Riebel, Paul: Einzelkosten- und Deckungsbeitragsrechnung – Grundlagen einer markt- und entscheidungsorientierten Unternehmensrechnung, Opladen 1972

Schierenbeck, Henner: Grundzüge der Betriebswirtschaftslehre, 9. Aufl. München 1987

Schönfeld, Hanns-Martin: Kostenrechnung II, 5. Aufl. Stuttgart 1970

Schweitzer, Marcell/Küpper, Hans-Ulrich: Systeme der Kostenrechnung, 4. Aufl. Landsberg a. L. 1986

Autorenkollektiv: Sozialistische Betriebswirtschaft Industrie, Berlin 1985

Integriertes Leistungsangebot der DEUTSCHE REVISION AG auf den Gebieten der Prüfung, Beratung und Begutachtung

Die **Treuhand-Vereinigung AG,** Frankfurt am Main, und die **TREU-ARBEIT AG,** Berlin/Frankfurt am Main, haben sich 1989 im Rahmen einer Kooperation unter dem gemeinsamen Dach der **Deutsche Revision AG,** Frankfurt am Main, zusammengeschlossen, um auch in der Zukunft den erreichten hohen Qualitätsstandard beibehalten und zugleich den steigenden finanziellen und personellen Anforderungen durch die fortschreitende Internationalisierung der Unternehmen gerecht werden zu können. Diesem Ziel dient auch die Einbindung beider Unternehmen in den leistungsfähigen Verbund von Coopers & Lybrand International.

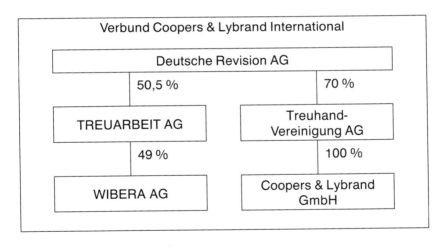

Unsere beiden Unternehmen sowie die Coopers & Lybrand GmbH und die WIBERA AG als Beteiligungsgesellschaften der Treuhand-Vereinigung AG bzw. der TREUARBEIT AG werden auch künftig weiter im eigenen Namen am Markt auftreten und ihre Mandate und Aufträge eigenverantwortlich betreuen und ausführen. In den wesentlichen internen Bereichen Schulung, Forschung und Entwicklung sowie Verwaltung werden sie jedoch eng zusammenarbeiten.

125

Als international tätiger Unternehmensverbund bieten wir Dienstleistungen an mit Schwerpunkten in der
- Wirtschaftsprüfung
- Steuerberatung und
- Unternehmensberatung.

Unsere Mandanten werden jeweils von einem verantwortlichen Partner betreut, der sämtliche Prüfungs-, Beratungs- und sonstige Dienstleistungen koordiniert. Wir arbeiten auf hohem Qualitätsniveau und sehen die Erarbeitung von spezifischen Lösungen der aktuellen Probleme bei unseren Mandanten auf den Gebieten der Unternehmensstrategie und -organisation sowie des Finanz- und Rechnungswesens als unsere vorrangige Aufgabe an.

Unser Dienstleistungsangebot im Bereich Wirtschaftsprüfung und betriebswirtschaftliche Beratung umfaßt unter anderem
- Jahresabschluß- und Konzernabschlußprüfungen
- Prüfung von DM-Eröffnungsbilanzen und Mark-Schlußbilanzen
- Betriebswirtschaftliche Prüfungen
- Bewertungen von Unternehmen, Gesellschaftsanteilen und Anlagen
- Durchführungen von Branchen- und Betriebsvergleichen
- Beratung auf dem Gebiet des Preisrechts
- Beratung auf dem Gebiet der betrieblichen Altersversorgung mit Erstellung versicherungsmathematischer Gutachten.

Im Rahmen der Steuerberatung bieten wir insbesondere an
- Beratung in allen Steuerangelegenheiten
- Steuerplanung und gutachterliche Stellungnahmen
- Vertretung vor Finanzbehörden und -gerichten
- Bearbeitung von Steuerfragen im Rahmen von Abschlußprüfungen
- Erstellen von Buchführungen und Personalabrechnungen.

Unsere Leistungen auf dem Gebiet der Unternehmensberatung betreffen schwerpunktmäßig
- Unternehmensführung
- Optimierung von Fertigungsprozessen (Manufacturing)
- Informationstechnologie und
- Sicherheit der Informationstechnik.

Hierfür stehen Ihnen sämtliche Niederlassungen der TREUARBEIT AG und der TREUHAND-VEREINIGUNG AG in Westdeutschland und Ostdeutschland zur Verfügung. Diese Niederlassungen erreichen Sie unter den folgenden Anschriften:

Ostdeutschland: (Vorwahl: 0037)

TREUARBEIT AG

O-1020 Berlin
Wallstraße 17 – 22
Tel. 0/2/2 78 01-323/326
Funktelefon 01 61-2 30 96 42

O-9010 Chemnitz
Karl-Marx-Allee 12
Tel. 0/71/6 55-21 10/21 11

O-8012 Dresden
Grunaer Str. 2
Tel. 0/51/48 74-352/355

O-5020 Erfurt
Altonaerstr. 18
Tel. 00 37/61/55 42 40

O-7010 Leipzig
Dr.-Kurt-Fischer-Str. 8
Tel. 0/41/71 39

O-3024 Magdeburg
Walter-Rathenau-Str. 43
Tel. 0/91/5 82 71

O-6000 Suhl
Rimbachstr. 30
Tel. 0/66/52 52 30 od. 2 29

O-2530 Warnemünde/Rostock
Im Kulturhaus
c/o Warnowwerft GmbH,
Am Leuchtturm 15
Tel. 00 37/81/5 27 47 od. 5 25 03 od.
5 53 75 App. 05

WIBERA AG

O-1140 Berlin-Marzahn
Allee der Kosmonauten 26
Postfach Berlin-Marzahn 1
Tel. 0/2/54 22-070

TREUHAND-VEREINIGUNG AG

O-1020 Berlin
Wallstraße 17 – 22
Tel. 0/2/2 78 01-323/326
Funktelefon 01 61-2 30 96 42

O-9010 Chemnitz
Karl-Marx-Allee 12
Tel. 0/71/6 55-21 13

O-8012 Dresden
Grunaer Str. 2
Tel. 0/51/48 70
Telex 0 21 87

O-7030 Leipzig
Arno-Nitzsche-Str. 43 – 45
Tel. 0/41/8 84 10
Telex 51 21 53 (0)

O-3024 Magdeburg
Walter-Rathenau-Str. 43

O-2530 Warnemünde/Rostock
Im Kulturhaus
c/o Warnowwerft GmbH,
Am Leuchtturm 15

O-7010 Leipzig
c/o World Trade Center
Grassistraße 12
Tel. 0/41/71 70-298/275/297

Westdeutschland:

TREUARBEIT AG
Hauptverwaltung

W-6000 Frankfurt am Main 1
Bockenheimer Anlage 15
(Mozartplatz)
Postfach 11 18 42
Tel. 069/71230
Telex 411 492
Telefax 069/71234 59

W-1000 Berlin 15
Emser Straße 40/41
Postfach 120
Tel. 030/8842020
Telefax 88420257

W-5300 Bonn 1
Bundeskanzlerplatz
Bonn Center HI-402
Tel. 0228/212021
Telex 886751
Telefax 0228/220034

W-2800 Bremen 1
Hanseatenhof 6
(Bremer Carree)
Tel. 0421/308990
Telefax 0421/3089950

W-4000 Düsseldorf 1
Auf'm Hennekamp 47
Postfach 2722
Tel. 0211/33941
Telex 8582680
Telefax 0211/3394260

W-2000 Hamburg 60
New-York-Ring 13
Postfach 602720
Tel. 040/63780
Telex 2174118
Telefax 040/6378103

W-3000 Hannover 61
Fuhrberger Straße 5
Postfach 610240
Tel. 0511/53571
Teletex 5118600 = tahd
Telefax 0511/5357287

W-3500 Kassel 1
Untere Königsstraße 79
Tel. 0561/14107
Telefax 0561/778338

W-2300 Kiel 1
Faulstraße 18
Tel. 0431/95854
Telefax 0431/951 38

W-8000 München 38
Romanstraße 77
Postfach 380109
Tel. 089/1790040
Telex 5215195
Telefax 089/17900449

W-6600 Saarbrücken 3
Heinrich-Böcking-Straße 1
Tel. 0681/687940
Telefax 0681/6879454

W-7000 Stuttgart 1
Rotebühlplatz 20a
Tel. 0711/299411
Telefax 0711/299413

Treuhand-Vereinigung AG und Coopers & Lybrand GmbH

Hauptverwaltung

W-6000 Frankfurt am Main 1
Wöhlerstraße 6 – 10
Tel. 069/711 00
Telex 176 997 622 tvcl
Telefax Gruppe 2/3
Automatic 069/711 04 66
Teletex 6 997 622 = tvcl

W-1000 Berlin 15
Kurfürstendamm 178
Tel. 030/881 80 18 – 19
Telex 17 308 734 tvcl
Telefax Gruppe 2/3
Automatic 030/881 95 08
Teletex 308 734 = tvcl

W-4800 Bielefeld 1
Welle 8
Tel. 0521/171011
Telefax Gruppe 2/3
Automatic 0521/176947

W-8630 Coburg
Münzmeisterhaus
Tel. 09561/95091
Telefax Gruppe 2/3
Automatic 09561/94759

W-4600 Dortmund 1
Florianstraße 3
Tel. 0231/123040
Telefax Gruppe 2/3
Automatic 0231/104551

W-4000 Düsseldorf 1
Freiligrathstraße 1
Tel. 0211/499083
Telex 8 586 607 whsl
Telefax Gruppe 2/3
Automatic 0211/4980494

W-4300 Essen 1
Rüttenscheider Stern 5
Tel. 0201/72900
Telex 857 543 revisd
Telefax Gruppe 2/3
Automatic 0201/775813

W-7800 Freiburg
Erbprinzenstraße 2a
Tel. 0761/31063
Telefax Gruppe 2/3
Automatic 0761/31064

W-2000 Hamburg 36
Jungfernstieg 51
Tel. 040/3508150
Telex 2 163 600 tvcl d
Telefax Gruppe 2/3
Automatic 040/3453 48
Teletex 403 241 = tvcl

W-3000 Hannover 1
Landschaftstraße 6a
Tel. 0511/326341 – 44
Telex 175 118 448 tvcl
Telefax Gruppe 2/3
Automatic 0511/329224

W-7500 Karlsruhe
Gartenstraße 82 – 84
Tel. 0721/840020
Telex 7 825 732 tvcl d
Telex 17 721 693 tvcl
Telefax Gruppe 2/3
Automatic 0721/8400232
Teletex 721 693 = tvcl

W-3500 Kassel
Opernstraße 2
Tel. 0561/712920
Telefax Gruppe 2/3
Automatic 0561/770888

W-5000 Köln 1
Hohenzollernring 21 – 23
Tel. 0221/20840
Telex 8883441 tvcl d
Telefax Gruppe 2/3
Automatic 0221/2084210

W-2400 Lübeck
Breite Straße 95 – 97
Tel. 0451/71017 – 18
Telefax Gruppe 2/3
Automatic 0451/78808

W-8000 München 2
Prielmayerstraße 3
Tel. 089/514010
Telex 17897157 tvcl
Telefax Gruppe 2/3
Automatic 089/51401 49
Teletex 897157 = tvcl

W-8500 Nürnberg 20
Theodorstraße 3
Tel. 0911/534028
Telefax Gruppe 2/3
Automatic 0911/534027

W-6780 Pirmasens
Simter Straße 6
Tel. 06331/73015 – 17
Telefax Gruppe 2/3
Automatic 06331/31491

W-4350 Recklinghausen
Haltener Straße 32
Tel. 02361/26048
Telefax Gruppe 2/3
Automatic 02361/26668

W-5900 Siegen
Spandauer Straße 18
Tel. 0271/336037 – 39
Telefax Gruppe 2/3
Automatic 0271/339162

W-7000 Stuttgart 1
Birkenwaldstraße 163
Tel. 0711/251081
Telex 723365 tvcl d
Telefax Gruppe 2/3
Automatic 0711/2579110

WIBERA AG

W-4000 Düsseldorf 1
– Hauptniederlassung –
Aachenbachstraße 43
Tel. 0211/67051
Teletex 02114415 wbag
Telefax 0211/6802287

W-1000 Berlin 15
Kurfürstendamm 202
Tel. 030/8821825

W-2000 Hamburg 1
Hermannstraße 32
Tel. 040/338759

W-2800 Bremen 1
Stresemannstraße 1 – 7
Tel. 0421/490096
Telefax 0421/4985991

W-6500 Mainz 1
– hier auch Regionaldirektion –
Hölderlinstraße 8
Tel. 06131/53071
Telefax 06131/53074

W-7000 Stuttgart 1
Königstraße 20
Tel. 0711/297035/36/37
Telefax 0711/2268532

W-3000 Hannover 1
Luisenstraße 10
Tel. 0511/320824
Telefax 0511/323495

W-4800 Bielefeld 1
Welle 8
Tel. 0521/65034 + 69496
Telefax 0521/60917

W-4000 Düsseldorf 1
Grafenberger Allee 115
Tel. 0211/6705-307/308
Teletex 2114415 wbag
Telefax 0211/6802287

W-6000 Frankfurt am Main 70
– hier auch Zentralabteilung
Wohnungswirtschaft –
Walter-Kolb-Straße 9 – 11
Tel. 069/613051
Telefax 069/617202

W-6600 Saarbrücken 3
Bleichstraße 23
Tel. 0681/39431

W-8000 München 2
Promenadenplatz 10
Tel. 089/221461